Biblische Geschichten:

Ich war dabei

Hans-Jürgen Straßburg

Biblische Geschichten:

aus dem alten und neuen Testament

Ich war dabei

Bibliografische Information der Deutschen Nationalbibliothek:
Die Deutsche Nationalbibliothek verzeichnet diese Publikation in der
Deutschen Nationalbibliografie; detaillierte bibliografische Daten
sind im Internet über http://dnd.dnd.de abrufbar.

© 2020 by Hans-Jürgen Straßburg

Lektorat: Ilse Straßburg

Herstellung und Verlag:

BoD – Books on Demand, Norderstedt

13-stellige ISBN: 978 375 261 0178

Inhalt

Vorwort:

„Dass du als Naturwissenschaftler dich mit Geschichten aus der Bibel beschäftigst, verstehe ich nicht!" Diesen oder einen ähnlichen Satz habe ich schon oft gehört. Dabei bin ich der Meinung, dass Naturwissenschaft und Religion keine Gegensätze sind.

Von Kindheit an bin ich mit den Ereignissen, die in der Bibel aufgeschrieben stehen, vertraut. Nach jedem Gottesdienst in der Neuapostolischen Kirche fand noch eine Zusammenkunft der Kinder statt, in der ihnen die biblischen Geschichten auf ihrem Niveau erzählt wurden.

Aber auch als Erwachsener lohnt es sich, mit dem zu beschäftigen, was in der Bibel beschrieben steht. Der biblische Text ist manchmal schwer lesbar, zum anderen auch nur im Zusammenhang mit der damaligen Zeit zu verstehen. Deshalb habe ich alles in eine leicht verständliche Sprache gebracht und mit Hintergrundwissen ergänzt.

Um das Lesen noch etwas abwechslungsreicher zu gestalten, habe ich die Geschichten aus der Sicht von daran beteiligten Personen erzählt.

Neumünster, September 2020

Sem

Ich musste meinen Vater schon bewundern. In seinem hohen Alter wagte er sich an eine riesengroße Aufgabe. Gott hatte ihm nämlich befohlen, einen großen Kasten zu bauen.

Aber ich möchte mich kurz vorstellen. Mein Name ist Sem. Ich habe noch zwei Brüder, Ham und Jafet. Mein Vater heißt Noah.

In diesem großen Kasten sollten alle Tiere und auch unsere Familie vor einer Sintflut bewahrt werden. Dabei weiß ich nicht einmal, was eine Sintflut ist. Irgendetwas hat sie mit Wasser zu tun.

Natürlich halfen wir unserem Vater. Es mussten schließlich viele Bäume gefällt werden. Es war ganz schön schwer, die Stämme nach oben zu hieven, denn der Kasten war mehr als 10 m hoch. Vater sagt, dass er 75 m lang und 25 m breit werden soll. Ich konnte mir das gar nicht so richtig vorstellen. Nachdem die Außenwände standen, mussten wir alle Ritzen mit Pech verschmieren.

Auch innen sollte noch einiges gebaut werden. Zwei Böden wurden eingezogen, sodass drei Etagen entstanden. Auf jeder Etage sollten Kammern eingerichtet werden. Es gab an der einen Seite nur eine Tür und nach oben eine Luke. Sonst waren überall nur Holzwände.

Natürlich fragten uns unsere Nachbarn, was es mit diesem Kasten auf sich hätte. Mein Vater erklärte es ihnen geduldig, erntete aber nur Hohn und Spott dafür: Weil sich die Menschen von Gott abgewandt hatten, wollte er sie alle vernichten. Nur diejenigen, die in diesen Kasten gingen, sollten bewahrt bleiben.

Endlich war unsere Arbeit fertig. Ich war ganz froh darüber. Auch wenn ich es gewohnt war, hart zu arbeiten, hatte ich doch einen gewaltigen Muskelkater bekommen. Meinem Vater und meinen Brüdern erging es nicht anders.

Dann erlebten wir ein Wunder. Von jeder Art kamen die Tiere paarweise und gingen in die Arche. Wir mussten nur aufpassen, dass sie an den richtigen Stellen landeten. So hatten wir die Esel in die unterste Etage gebracht. Die Vögel suchten sich schon von alleine die oberste Etage aus.

Es wurde ziemlich eng in der Arche. Schließlich musste ja auch noch genügend Futter für alle Tiere mitgenommen werden.

Zum Schluss gingen wir selbst in die Arche: meine Eltern, meine Brüder und unsere Frauen. Von den Nachbarn und Freunden war niemand bereit, uns zu begleiten.

In den nächsten Tagen geschah nichts. Wir kümmerten uns um die Tiere, die es ja auch nicht gewohnt waren, auf so engem Raum zusammen zu leben. Ganz genau wussten wir auch nicht, was geschehen würde.

Am siebenten Tag aber fiel Wasser vom Himmel. Es prasselte auf das Dach der Arche. Gleichzeitig hörten wir, dass auch unten Wasser gegen den Kasten plätscherte. Irgendein Bach oder Fluss musste über die Ufer getreten sein. Das war schon ein ganz merkwürdiges Gefühl.

Ich machte in der Ecke, in der ich nachts schlief, für jeden Tag einen Strich. Während der Wartezeit waren es nur sieben Striche gewesen. Aber nun wurden es immer mehr. Als das Wasser von oben aufhörte, hatte ich vierzig Striche gemacht.

Am achten oder neunten Tag geschah etwas ganz Merkwürdiges. Unser Kasten begann zu schaukeln, so als ob sich eine große Hand unter den Boden geschoben und uns hochgehoben hatte.

Natürlich waren wir aufgeregt, aber mein Vater beruhigte uns. Gott hatte versprochen uns zu retten, und das würde er auch tun.

Irgendwann hörte das Schaukeln auf. Dabei hatten wir uns an die sanfte Bewegung gewöhnt. Nun war es ganz ruhig geworden. Inzwischen hatte ich aufgehört, Striche an die Wand zu machen. Ich hätte sie doch nicht mehr zählen können.

Nach vielen weiteren Tagen öffnete mein Vater die Luke. Das hatte ihm Gott so gesagt. Er ließ einen Raben fliegen. Der kehrte aber nach kurzer Zeit wieder zurück.

Einige Tage später schickte Vater eine Taube auf Erkundungsflug. Auch sie kam wenig später wieder zurück. Erst als noch viele weitere Tage vergangen waren, kam die ausgeschickte Taube mit einem Blatt eines Ölbaums zurück. Damit war klar, dass das viele Wasser nun abgelaufen sein musste.

Wir warteten noch einige Tage. Die Taube, die mein Vater dann losschickte, kam gar nicht wieder zurück. Daraufhin stieg mein Vater durch die Luke auf das Dach der Arche. Er sagte, das Wasser wäre weg, aber es sei noch sehr feucht. Deshalb warteten wir noch einige Tage, bis wir dann das Tor an der Seite öffneten.

Nicht nur die Tiere waren froh, dass sie sich endlich wieder im Freien bewegen konnten. Auch wir kamen aus dem Kasten heraus und genossen die Sonnenstrahlen, die wir so lange vermisst hatten. Andere Menschen aber sahen wir nicht.

Als erstes baute mein Vater dann einen Altar auf, um Gott durch ein Opfer zu danken, dass er uns vor diesem Verderben bewahrt hatte.

Gott gab dann ein Versprechen: Er würde nie wieder alles, was er einmal geschaffen hatte, umbringen. Und er sagte noch einen Satz, den ich mir gut gemerkt hatte: „Solange die Erde steht, soll nicht aufhören Saat und Ernte, Frost und Hitze, Sommer und Winter, Tag und Nacht."

Und Gott schuf noch etwas, was wir immer, wenn es regnete, in den Wolken sehen konnten. Dort erschien ein farbiger Bogen. Der sollte uns daran erinnern, dass Gott versprochen hatte, nie wieder ein solches Unglück über alle Menschen und Tiere geschehen zu lassen.

Jakob

Das hatte ich nicht erwartet. Nachdem ich meinen Bruder um den Segen unseres Vaters gebracht hatte, erlebte auch ich, wie ich betrogen wurde.

Ich heiße Jakob, meine Eltern sind Rebekka und Isaak. Außerdem habe ich noch einen Zwillingsbruder, den Esau, der nur einige Sekunden älter ist als ich. Damit war er der Erstgeborene und hatte Anspruch auf den Segen unseres Vaters – aber den wollte ich auch gerne haben.

Als Esau eines Tages abgehetzt von der Jagd nach Hause kam, hatte ich eine leckere Linsensuppe gekocht. Er war so hungrig, dass er sich sofort darauf stürzen wollte. Das war meine Gelegenheit. Er sollte mir für einen Teller Suppe sein Erstgeburtsrecht abtreten. Das tat er, ohne lange zu überlegen. Sicherheitshalber hatte ich ihm aber nicht erzählt, dass er damit auch auf den besonderen Segen unseres Vaters verzichten würde.

Als Isaak auf dem Sterbebett lag und auch nicht mehr so richtig sehen konnte, half mir unsere Mutter, mich als Esau zu verkleiden und so den begehrten Segen zu erhalten.

Als mein Bruder das mitbekam, war er stinksauer. Am liebsten hätte er mich sofort umgebracht, aber er wollte vor unserem Vater nicht als Mörder dastehen.

Also floh ich von zu Hause. Es ergab sich dann, dass ich bei meinem Onkel Laban, dem Bruder meiner Mutter, unterkam. Ich erzählte viel von meiner Familie. So war Laban dann sicher, dass ich wirklich sein Neffe war.

Laban hatte zwei Töchter, Lea und Rahel, wobei Lea die ältere war. Mir aber gefiel Rahel viel besser. Ich verliebte mich in sie. Laban war einverstanden, dass ich seine Tochter zur Frau bekam, sollte aber sieben Jahre bei ihm arbeiten und auf diese Weise den Brautpreis verdienen. Diese Zeit ging ganz schnell vorbei, denn immer, wenn ich Rahel sah, wusste ich, wofür ich meine Kräfte einsetzte.

Endlich war es soweit, die Hochzeit konnte stattfinden. Es wurde ein großes Fest. Meine Braut trug einen Schleier. Alle Menschen beglückwünschten mich zu einer so schönen Frau.

Erst am nächsten Morgen stellte ich fest, dass ich nicht mit Rahel, sondern mit Lea verheiratet worden war.

Ich war sauer und stellte Laban sofort zur Rede. Er erklärte mir, dass es nicht Sitte sei, die jüngere Tochter vor der älteren zu verheiraten. Wenn ich aber noch einmal sieben Jahre für ihn arbeiten würde, bekäme ich auch Rahel zur Frau. Ich willigte ein.

Als der Trubel der Hochzeitsfeier nach sieben Tagen vorbei war, hatte ich auch Zeit zum Nachdenken. Nun hatte ich erlebt, wenn auch auf eine andere Art, wie wichtig die durch die Geburt festgelegte Reihenfolge war. Außerdem konnte ich jetzt nachfühlen, wie es meinem Bruder Esau, als dem Betrogenen, ergangen sein musste.

Meine Ehe mit Lea war nicht besonders glücklich. Sie bekam zwar mehrere Kinder, aber auch das änderte nichts an unserem angespannten Verhältnis.

Nach weiteren sieben Jahren konnte ich endlich meine geliebte Rahel heiraten. Wir waren sehr glücklich, nur ein Umstand trübte unsere Ehe: Rahel konnte keine Kinder bekommen. Erst nach vielen Gebeten zu Gott erhörte er unsere Bitte nach einem Kind. Uns wurde ein Sohn geboren.

Bei aller Freude über mein jetziges schönes Leben belastete mich immer noch der Gedanke an den Streit mit meinem Bruder Esau. Nach inzwischen zwanzig Jahren wollte ich mich endlich mit ihm versöhnen.

Laban besaß, nicht zuletzt durch meine Arbeit bei ihm, eine große Schaf- und Ziegenherde. Von diesen Tieren wollte ich meinen Anteil haben. Laban ging auf meinen Vorschlag ein, dass ich für mich die Nachkommen der gefleckten Tiere und schwarzen Schafe aussuchen durfte.

Leider versuchte Laban, mich übers Ohr zu hauen. Er ließ nur die weißen und ungefleckten Tiere auf seinem Land, die anderen übergab er seinen Söhnen, die sie weit weg auf eine Weide führten. Er dachte wohl, dass die zurückgehaltenen Tiere auch nur weiße und Nachkommen ohne Flecken haben würden. Damit würde ich dann leer ausgehen.

Das ließ ich mir aber nicht gefallen. So sorgte ich dafür, dass die kräftigen Tiere seiner Herde viele gefleckte Nachkommen erhielten. Das gelang mit Stäben aus besonderem Holz, die ich in die Tränken der Tiere legte. Bei den schwachen Tieren machte ich das nicht. – Gott hatte mir diesen Hinweis im Traum gegeben.

Mein Schwiegervater wurde nun ungehalten und verhielt sich ungerecht mir gegenüber. So folgte ich der göttlichen Weisung und floh mit meiner Familie, den Mägden und Knechten und meinen Tierherden.

Als Laban davon erfuhr, verfolgte er uns. Nach einer Woche hatte er uns eingeholt. Aber Gott war weiter mit uns und hatte Laban im Traum geboten, freundlich mit uns umzugehen. So sprach er hauptsächlich über seine Enttäuschung, dass er sich nicht von uns und von seinen Enkeln verabschieden konnte.

Dann einigten wir uns darauf, dass wir das Gebiet des anderen respektieren würden. Laban würde uns nicht weiter verfolgen, bat mich aber, ausschließlich für das Wohl seiner Töchter und Enkel zu sorgen und keine weiteren Frauen zu heiraten. Mit einem Festmahl besiegelten wir unsere Absprache.

Nachdem dieses Problem gelöst war, wurde mir wieder etwas mulmig. Wie würde die Begegnung mit meinem Bruder verlaufen? Hatte er immer noch Rachegedanken?

Ich schickte Boten aus, die meinem Bruder meine Versöhnungsabsicht mitteilen sollten. Außerdem sollten sie ihm Teile meiner Herden als Geschenk anbieten. Sie kamen mit der Nachricht zurück, dass er uns mit vierhundert Mann entgegenkam. Das klang nicht nach Versöhnung.

Wenig später sah ich meinen Bruder mit seinem Gefolge. So wie es Sitte war, begrüßten ihn zuerst meine Frauen und Kinder. Dann ging ich auf ihn zu und verneigte mich tief. Dann aber geschah etwas, womit ich nicht gerechnet hatte: Esau kam mir entgegen und umarmte mich. Wir beide mussten weinen.

Ich berichtete ihm, was ich in den zwanzig Jahren alles erlebt hatte und wie Gott mich mit meiner Familie und den Tierherden gesegnet hatte. Aber auch Esau war ein wohlhabender Mann geworden. So nahm er mein Geschenk, einen Teil meiner Herden, erst nach vielem Nötigen an.

In meinem Gespräch mit Esau wurde mir klar, dass er plante, zusammen mit mir zu wohnen und gemeinsam mit unseren Familien zu leben. Das war aber nicht in meinem Sinne. Nun war diplomatisches Geschick gefragt. Ich erklärte ihm, dass sich jeder von uns in den letzten Jahren anders entwickelt hätte. Um Auseinandersetzungen zu vermeiden, sollte jeder für sich bleiben.

Esau sah meine Argumente ein. So trennten wir uns wieder, aber jetzt als versöhnte Brüder.

Josef

Viele Menschen sind neidisch auf mich, denn ich bin, nach dem Pharao, der wichtigste Mann in ganz Ägypten. Aber ich bin sicher, dass keiner von ihnen das erleben möchte, was ich erlebt habe.

Mein Name ist Josef, ich bin ein Sohn von Jakob, meine Mutter heißt Rahel. Außerdem habe ich noch elf Brüder. Wir wohnen alle im Land Kanaan.

Leider muss ich von mir sagen, dass ich manchmal ein wenig naiv war. Wenn meine Brüder schlecht über die Frauen meines Vaters geredet hatten, habe ich ihm das weitererzählt. Das hat das Verhältnis zu meinen Geschwistern nicht verbessert, zumal sie davon ausgingen, dass ich ohnehin der Liebling meines Vaters war.

Den Höhepunkt der Abneigung meiner Brüder erlebte ich, als ich ihnen von meinem Traum berichtete: „Wir banden Garben auf dem Felde, und meine Garbe richtete sich auf und stand, aber eure Garben stellten sich ringsumher und neigten sich vor meiner Garbe."

Erst später erfuhr ich, was sie hinter meinem Rücken geplant hatten. Wäre nicht mein ältester Bruder Ruben gewesen, wäre ich nicht mehr am Leben. So wurde ich *nur* als Sklave nach Ägypten verkauft, während meine Geschwister meinem Vater weismachten, dass mich ein wildes Tier angefallen und getötet hätte. Als Beweis zeigten sie ihm meine Kleidung, die sie mit dem Blut eines Ziegenbocks getränkt hatten.

Ich wurde in Ägypten weiter verkauft und arbeitete für Potifar, einem ganz hohen Beamten des Pharaos. Dort segnete mich Gott so, dass ich sein Stellvertreter wurde. Es lief allerdings darauf hinaus, dass ich seine ganze Arbeit tat und er ein bequemes Leben führen konnte.

Aber auch der Teufel war auf. Potifars Frau hatte ein Auge auf mich geworfen und versuchte, mich zu verführen. Aber das wollte ich auf keinen Fall, denn es wäre Ehebruch gewesen und damit eine Sünde vor Gott.

Aber die Frau ließ einfach nicht locker. Als sie eines Tages mit mir alleine im Hause war, wollte sie mich mit Gewalt in ihr Bett zerren. Ich konnte mich aber losreißen. Nur meinen Umhang behielt sie zurück. Sie schrie dann ganz laut, sodass alle ihre Mägde herbeigelaufen kamen. Mit meinem Kleidungsstück in der Hand behauptete sie dann, ich hätte sie verführen wollen.

Als Potifar davon erfuhr, war er natürlich zornig und auch enttäuscht. Gott hat dann seine Gedanken so gelenkt, dass er mich nicht mit dem Tode bestrafen, sondern *nur* ins Gefängnis werfen ließ.

Das war ein großer sozialer Abstieg. Aber aus heutiger Sicht weiß ich, dass dadurch Gott viele Menschen vor dem Hungertod bewahrt hat. Aber der Reihe nach:

Wieder hatte mich Gott gesegnet, und nach kurzer Zeit wurde ich die rechte Hand des Amtmanns, der für das Gefängnis verantwortlich war. So kam es, dass ich alle, die neu in den Kerker geworfen wurden, auch persönlich kennenlernte. Darunter waren auch der Oberste der Bäcker und der Mundschenk des Pharaos.

Eines Morgens sahen sie sehr traurig aus. Sie erzählten mir, dass sie etwas geträumt hatten, was sie nicht verstanden. „Träume kann nur Gott deuten. Erzählt, was ihr geträumt habt."

Der Bäcker berichtete von drei Körben mit feinen Backwaren für den Pharao. Aber Vögel kamen und fraßen alles auf. Daraufhin sagte der Mundschenk, dass er von drei Reben geträumt habe, die er auspresste und den Saft dem Pharao brachte.

Dem Bäcker konnte ich keine gute Deutung geben: „In drei Tagen wirst du gehängt werden." Dem Mundschenk aber konnte ich sagen: „In drei Tagen wirst du wieder deinen alten Posten beim Pharao haben." Dann bat ich ihn, dass er dem Pharao von seinem Traum und meiner Deutung berichten sollte. Ich hoffte, auf diese Weise auch bald aus dem Gefängnis entlassen zu werden. Schließlich hatte ich nichts Verbotenes getan.

Ich nehme an, dass der Mundschenk meine Bitte vergessen hatte, denn es vergingen über zwei Jahre, ohne dass sich etwas tat. Dann aber ließ mich der Pharao holen. Ich spürte gleich die gereizte Stimmung, als ich den Raum betrat.

„Ich hatte einen Traum", begann der Pharao, „den mir keiner meiner Gelehrten deuten kann. Mein Mundschenk erinnerte sich aber daran, dass du seinen Traum richtig gedeutet hättest."

Wieder verwies ich auf Gott, der alleine weiß, was Träume zu bedeuten haben. Dann ließ ich mir erzählen, was der Pharao geträumt hatte.

Es ging um sieben fette Kühe, die aus dem Nil stiegen. Ihnen folgten sieben magere Kühe, die die fetten Kühe auffraßen, ohne dass sie dicker wurden.

Und es gab noch einen zweiten Traum, von dem der Pharao berichtete: „Sieben reife Ähren wuchsen an einem Halm. Dann sah ich sieben magere Ähren, die die reifen Ähren verschlangen."

19

Wieder offenbarte mir Gott die Bedeutung dieses Traums: Zunächst würden sieben ertragreiche Jahre kommen. Die Felder würden eine ganz besonders reiche Ernte hervorbringen. Dieser Zeit würden aber sieben Jahre folgen ohne richtige Ernte. Das bedeutete eine große Hungersnot.

Der Pharao war bestürzt, zumal ich ihm auch noch sagen musste, dass dieser zweifache Traum bedeutete, dass es wirklich so geschehen würde. Er sah mich fragend an, ob ich nicht noch mehr sagen könnte.

„Bestimme einen Mann, der dafür sorgt, dass in jeder Provinz ein Teil der reichen Ernte eingelagert wird, damit genügend Nahrung da ist, wenn die mageren Jahre kommen." Der Pharao nickte dazu, denn er war ein verständiger und weiser Mann.

Nach kurzer Überlegung sagte er dann zu mir: „Du bist der richtige Mann für diese Aufgabe. Ich erkenne es daran, dass dir Gott die Weisheit gegeben hat, die Träume zu deuten."

Natürlich wurde ich sofort aus dem Gefängnis entlassen und bekam neue und sehr wertvolle Kleidung. Dazu gab mir der Pharao einen Siegelring und verfügte, dass ich seinen Ersatzwagen nehmen sollte, wenn ich durch das Land führe, um diese Hinweise zu verkünden und dafür zu sorgen, dass sie auch umgesetzt werden. Ich war dadurch der zweitwichtigste Mann in Ägypten, gleich hinter dem Pharao.

Ich muss wohl nicht mehr sagen, dass sich alles so erfüllte, wie Gott es mir offenbart hatte.

Ben

Was ich vor Kurzem erlebt habe, ist ein tolles Wunder. Ich bin noch heute davon ganz fasziniert.

Mein Name ist Ben, aber eigentlich heiße ich Benjamin. Ich habe viele ältere Geschwister. Wir wohnen zusammen mit unseren Eltern in Gosen, das ist ein Landesteil von Ägypten.

Eigentlich geht es uns ganz gut, wir haben genug zu essen und zu trinken. Aber reich sind wir trotzdem nicht, denn wir müssen eine ganze Menge von unserer Ernte an den Pharao abgeben und auch noch sonst für ihn arbeiten. Darüber haben sich nicht nur meine Eltern aufgeregt.

Vor einiger Zeit sagte dann unser Dorfälteste, dass uns Gott herausführen wollte in ein Land, in dem Milch und Honig fließen. Das habe ich nicht so recht verstanden. In meiner Vorstellung malte ich mir aus, dass es dort einen Bach mit Milch und einen anderen mit Honig gibt.

Mein Vater erklärte mir dann, dass es ein Land sei, in dem alle Pflanzen gut gedeihen würden und wir nichts mehr an einen Herrscher abzugeben brauchten, der uns nur ausnutzte.

Dann gab es weitere Informationen. Ein Mann mit dem Namen Mose sollte uns in dieses besondere Land führen. Aber es gab Schwierigkeiten, denn der Pharao wollte uns nicht wegziehen lassen. Das konnte ich wiederum verstehen, schließlich bekam er von uns ganz viel Korn, Früchte und auch geschlachtete Tiere „geschenkt".

Gott schickte dann einige Plagen, um den Pharao umzustimmen. Es gab eine Viehpest, bei der viele Tiere in Ägypten starben, aber unsere Tiere nicht. Dann kamen viele Frösche, die aus dem Nil in alle Häuser hüpften. So viel ich weiß, hat dann

Gott durch Mose dafür gesorgt, dass die Frösche alle starben, nur noch die am Nil übrig blieben.

Ein anderes Mal hagelte es riesige Eiskörner. So etwas hatte ich noch nicht erlebt. Weil aber alle unsere Tiere in den Ställen waren, passierte ihnen nichts.

Einige Tage später kamen ganz viele Heuschrecken. Überall waren sie zu sehen. Sie fraßen alles kahl, was der Hagel noch nicht vernichtet hatte.

Dann hat Gott auch diese Plage beendet. Es gab einen Sturm, und alle Heuschrecken wurden ins Schilfmeer gepustet. So etwas hatte ich vorher noch nicht gesehen.

Und noch etwas Merkwürdiges geschah. In ganz Ägypten war es drei Tage lang dunkel, nur dort, wo wir wohnten, hatten wir immer schönen Sonnenschein. Aber es nützte alles nichts, denn der Pharao ließ uns nicht weggehen.

Dann war es aber soweit, wir sollten unsere Sachen packen, aber vorher noch ein Lamm schlachten und ordentlich essen. Mit dem Blut dieses Tieres wurden dann die Pfosten unserer Eingangstür gestrichen. Vater sagte, dass wir dadurch besonders gesegnet würden. – Erst später habe ich erfahren, dass das ein besonderes Zeichen war. Gott wollte durch seinen Engel das älteste Kind in jeder Familie töten, die das nicht gemacht hatten. Außerdem sollten auch die Tiere, die zuerst geboren worden waren, sterben.

Da jetzt auch die Familie des Pharao betroffen war, konnten wir uns endlich auf den Weg machen. Es war eine riesengroße Menge an Menschen und ganz viele Schafe und Kamele. Wir folgten am Tag einer dunklen Wolke, die aussah wie eine Säule. Man konnte sie auch von Weitem ganz gut erkennen. In der Nacht leuchtete sie, als ob sie brennen würde.

Aus Berichten von Reisenden wusste ich, dass wir bald an ein Meer kommen würden. Ich war gespannt, wie es dort weitergehen würde. Von einer Brücke hatte nämlich keiner gesprochen.

Am Ufer angekommen, machten wir zunächst eine Pause. Plötzlich wurden aber alle unruhig. Am Horizont erkannten wir eine Staubwolke. Das konnte nur das Heer des Pharaos sein, das uns wieder zurückholen sollte. Aber weglaufen konnten wir nicht, denn vor uns war durch das Wasser der weitere Weg versperrt, und zurück ging es natürlich auch nicht mehr. Jetzt war ich aber neugierig, wie es weitergehen würde.

Unser Dorfälteste berichtete, dass Mose von Gott einen Hinweis erhalten habe: „Der Herr wird für euch streiten, und ihr werdet stille sein."

Aber nicht alle waren damit einverstanden. Sie murrten und sagten, dass sie nicht aus Ägypten ausgezogen waren, um jetzt hier zu sterben.

In der nächsten Nacht wurde es richtig windig, es stürmte. Als ich am nächsten Morgen zum Ufer schaute, war das Wasser verschwunden. Der Wind hatte es weggeblasen. Wir konnten auf dem Grund des früheren Schilfmeeres ans andere Ufer geben. Aber wir mussten uns untereinander gut festhalten, denn der Sturm blies immer noch sehr kräftig. Aber das war ja klar, sonst wäre das Wasser ja wieder zurückgekommen.

Als wir alle an der anderen Seite des Schilfmeeres angekommen waren, sahen wir, dass uns die Soldaten des Pharaos dicht auf den Fersen waren. Als alle Krieger dort waren, wo sich noch vor Tagen das Wasser befunden hatte, hörte der Wind ganz plötzlich auf. Mit einer großen Welle kam das Wasser zurück und spülte alle Soldaten fort.

Wir waren gerettet. Gott hatte ein Wunder getan. Dann begannen viele Menschen zu singen, zu tanzen und Gott zu danken. Vor uns lag eine Wüste, durch die wir weiter wandern mussten. Aber ich war mir sicher, dass Gott uns auch in Zukunft helfen würde.

Josua

Vierzig Tage sind eine lange Zeit, wenn man auf jemanden warten muss. Aber so lange hat es gedauert, bis Gott Mose alles Wichtige mitgeteilt hatte.

Mein Name ist Josua. Zusammen mit Mose und den Ältesten der Stämme konnten wir das Volk Israel aus Ägypten herausführen, wo wir zwar in einem eigenen Landstrich wohnten, aber praktisch deren Sklaven waren.

Nun waren wir am Berg Sinai angekommen. Hier erhielt Mose den Auftrag, auf den Berg zu steigen, weil Gott mit ihm reden wollte. Ich durfte ihn begleiten. Während wir fort waren, sollten sich Aaron und Hur, sowie die Ältesten der Stämme, um alle Angelegenheiten kümmern, die das Volk betrafen.

Kurz vor dem Gipfel ging Mose alleine weiter. Ich sollte hier auf ihn warten. Ich will hier nicht die Gedanken beschreiben, die mir während der Wartezeit alle gekommen waren. Immer wieder sah ich das Bild vor mir, als Mose in der Wolke verschwand. Dort würde Gott mit ihm sprechen.

Als er wieder zurückkam, trug er zwei Steintafeln bei sich. Auf denen hatte Gott selbst die Regeln geschrieben, an die sich alle halten sollten. Dann erzählte er mir mit wenigen Worten, welche Anweisungen Gott ihm gegeben hatte. Dabei ging es um die Bundeslade, den Opferdienst, die Weihe der Priester und noch einiges mehr.

Aber während er noch davon berichtete, sprach Gott zu ihm. Es ging dabei um ein goldenes Kalb, eine Art Stierbild, das die wartenden Menschen in der Zwischenzeit hergestellt hatten. Aber das Schlimmste war, dass sie es wie einen Gott verehrten und sagten, es habe sie aus Ägypten herausgeführt.

Gott wollte nun das Volk vernichten. Aber Mose hatte gute Argumente, die dagegen sprachen: Wenn das Volk nun in der Wüste umkommen würde, könnten sich die Ägypter über ihn, den Gott Israels, lustig machen. Was sollte dann die großartige Rettungsaktion am Schilfmeer, wenn alle Menschen in der Wüste sterben würden.

Erneut erkannte ich, dass Gott liebevoll handelte und von seinem Plan der gänzlichen Vernichtung abließ. Aber ohne Strafe sollte das Volk nicht davonkommen.

Wir kamen immer dichter an das Lager und hörten viel Geschrei. Zuerst dachte ich, es sei Kriegsgeschrei. Vielleicht hatten fremde Krieger die Menschen angegriffen. Aber Mose erkannte, dass es Gesänge waren, zu denen man tanzte. Als er dann das Goldene Kalb sah, wurde er so wütend, dass er die Steintafeln auf die Erde warf. Dort zerbrachen sie.

Als wir das Lager erreichten, sorgte er zunächst dafür, dass das Stierbild zerstört wurde. Es wurde zermahlen und mit Wasser vermischt. Das mussten die Menschen dann trinken.

Anschließend knöpfte er sich Aaron vor. Der sollte ihm erklären, warum er zugelassen habe, dass sich die Menschen ein Götzenbild machten. Ich hatte den Eindruck, es waren Ausflüchte, die Aaron gebrauchte: Das Volk wollte ein sichtbares Bild haben, das vor ihnen hergehen sollte. Außerdem wussten sie nicht, was mit Mose inzwischen geschehen war und ob er überhaupt zurückkehren würde.

Dann trat Mose vor das Tor und rief: „Her zu mir, wer dem Herrn angehört!" Da kamen die Söhne aus dem Stamm Levi. Sie bekamen den Auftrag, durch das Lager zu gehen und die zu erschlagen, die sie trafen, egal ob es Angehörige oder Freunde waren. Das war der erste Teil der göttlichen Strafe.

Am nächsten Tag ging Mose noch einmal auf den Berg, weil er Gott um Vergebung bitten wollte. Gott sagte ihm, dass er das verheißene Land nicht diesen Menschen, sondern erst ihren Nachkommen geben würde. Bis es soweit wäre, würden sie durch die Wüste ziehen müssen.

Wir waren vierzig Jahre unterwegs, dann lebte noch kaum einer von denen, die mit uns aus Ägypten ausgezogen war. Gottes Wort erfüllte sich, niemand durfte in das Land, in dem Milch und Honig fließen, wohnen. Nur Kaleb und ich durften mit hinein, weil wir uns immer zu Gott gehalten hatten und er uns gnädig war.

Kaleb

Wir waren inzwischen 40 Tage durch die Wüste gewandert. Nun standen wir vor dem Land, das uns der liebe Gott versprochen hatte.

Mose, unser Führer, hatte von Gott den Auftrag erhalten, zwölf Männer – aus jedem Stamm einen – als Kundschafter in dieses Land zu schicken. Einer von ihnen war ich.

Ich möchte mich zunächst vorstellen. Mein Name ist Kaleb aus dem Stamme Juda.

Wir machten uns also auf den Weg, gespannt, was wir sehen und erleben würden. Mose hatte uns ein paar Orte genannt, die wir auf jeden Fall aufsuchen sollten. Wichtig war es, auch zu schauen, wie fruchtbar der Boden ist und wie viel dort geerntet wird.

Unser Weg führte uns zunächst ins Gebirge. Hier hatten wir einen guten Überblick über das Land. Dann wanderten wir vom Süden bis in den Norden.

Schließlich nahmen wir einige von den Früchten mit, zum Beispiel Feigen und Granatäpfel. Zum Schluss kauften wir noch eine Weintraube, die so groß war, dass zwei von uns sie, mithilfe einer Stange, auf den Schultern tragen mussten. So bepackt kehrten wir zurück. Seit unserem Aufbruch waren 40 Tage vergangen.

Schon unterwegs musste ich feststellen, dass wir alle beeindruckt waren von diesem Landstrich. Aber es gab unter uns zwei unterschiedliche Meinungen. Einige hatten Angst, dieses Land zu besetzen. Die Städte waren mit dicken Mauern befestigt. Außerdem fürchteten sie sich vor den groß gewachsenen Menschen.

Nur Josua und ich waren optimistisch. Wenn Gott uns dieses Land zugesagt hatte, würde er uns schon helfen, es auch einzunehmen. Schließlich hatte er uns bis hierher durch die Wüste geleitet.

Vor Mose und vielen Stammesälteste erstatteten wir Bericht. Ich spürte, dass die Angst der übrigen Kundschafter auf das Volk übergriff, denn sie erzählten, dass dort Riesen wohnten – was aber nur für die Umgebung von Hebron zutraf. Außerdem behaupteten sie, dass es dort wilde Tiere gäbe, die die Menschen anfallen würden. Das war zwar ein Gerücht, sorgte aber für noch mehr Furcht unter den Zuhörern.

Weder Josua noch mir gelang es, wieder Ruhe in das Volk zu bringen. Auch die Früchte, die wir mitgebracht hatten, besonders die große Traube, konnten die Menschen nicht umstimmen. Sie murrten und wünschten sich, dass sie schon in Ägypten gestorben oder in der Wüste umgekommen wären.

Noch einmal versuchten wir, zusammen mit Mose und Aaron die Menschen davon zu überzeugen, dass der liebe Gott uns helfen würde, dieses Land einzunehmen, ein Land, in dem wirklich Milch und Honig fließen würden.

Alle unsere Argumente konnten das Volk nicht umstimmen. Sie wollten uns sogar steinigen, weil sie meinten, wir würden sie ins sichere Verderben führen.

Dann griff Gott selbst ein. Seine Herrlichkeit erschien über der Stiftshütte. Dort sprach er mit Mose. Es dauerte eine ganze Weile, bis Mose wieder erschien und uns von diesem Gespräch berichtete:

Gott war zornig, schließlich hatte sich das Volk bei jeder kleinen Schwierigkeit aufgeregt und Gott kritisiert. Deshalb wollte er es jetzt bestrafen, indem er die Pest schicken würde, an der alle Menschen sterben sollten. Aus Mose und einigen getreuen Mitstreitern wollte er dann ein neues Volk schaffen, das dieses Land einnehmen würde.

Dann erlebte ich, dass Mose ein großes Herz für das Volk besaß. Er hatte den großen Gott zwar nicht ganz umstimmen, aber seine Strafe abmildern können.

Zunächst hatte er Argumente ins Feld geführt: Die Ägypter würden sich über ihn lustig machen. Er, der große Gott, schaffte es nicht, das Volk in das Land zu bringen, das er ihnen versprochen hatte. Dann aber bat er um die Vergebung aller Missetaten durch die große Barmherzigkeit Gottes.

Mose und Aron versammelten das Volk und verkündeten den Willen Gottes. Keiner der Menschen, die aus Ägypten ausgezogen waren, würde je in diesem Land leben. Sie sollten 40 Jahre durch die Wüste ziehen und dort sterben – so wie sie es sich selbst gewünscht hatten. Erst ihre Kinder würden dann das verheißene Land bewohnen.

Gott unterstrich diese Worte, indem er die Kundschafter umkommen ließ, die das Volk durch falsche Beschreibungen gegen ihn aufgewiegelt hatten. Nur Josua und mich verschonte er. Wir beiden sollten die Einzigen sein, die nicht in der Wüste umkommen würden. Wir dürften mit in das wunderschöne Land einziehen.

Diese Worte hatten eine große Wirkung auf die Menschen. Spontan änderten sie ihre Meinung. Sie wollten nun doch alle das Land einnehmen und sogleich über die Berge dorthin ziehen. Aber Mose riet ihnen dringend davon ab. Da Gott dieses Vorhaben nicht gut heißen würde, würde er seine schützende Hand von ihnen wegziehen. Sie würden durch die Krieger der Völker, die dort wohnten, sterben.

Ich hatte gehofft, dass dieser Hinweis sie von ihrem Vorhaben abbringen würde. Aber sie hörten nicht auf die Warnung und mussten erleben, was Mose ihnen prophezeit hatte.

Ich bin sicher, dass sich jeder gut vorstellen kann, wie dankbar ich war. Ich würde in dem wunderschönen Land, das ich vor Kurzem erst gesehen hatte, leben dürfen.

Puradinus

Wieder einmal habe ich erlebt, dass das, was Gott sagt, sich auch so erfüllt, selbst wenn man sich das gar nicht vorstellen kann.

Mein Name ist Puradinus, ich werde aber meist Pura genannt. Ich bin der Diener von Gideon, einem Richter und Feldherrn. Unser Volk hatte immer wieder Schwierigkeiten mit den Midianitern. Sie suchten nämlich in der Zeit der Dürre Weideflächen und Wasserstellen für ihr Vieh. Dabei waren sie nicht zimperlich, man kann sagen, dass sie eine rechte Landplage waren.

Dann hatte Gott mit Gideon gesprochen und ihm gesagt, dass das Volk Israel die Midianiter vertreiben würde. Aber Gideon war skeptisch und verlangte ein Zeichen von Gott: Etwas abgeschorene Wolle wollte Gideon auf die Tenne legen, und Gott sollte zur Bestätigung dafür sorgen, dass nur die Wolle durch den Tau nass würde, der Boden der Tenne aber ringsherum nicht. Und genauso geschah es.

Am nächsten Tag forderte Gideon von Gott noch ein Zeichen. Jetzt sollte umgekehrt die Wolle trocken sein, aber die Tenne feucht. Also, ich fand das schon unverschämt. Aber Gott erfüllte auch dieses Verlangen von Gideon.

Dann wurde das Kriegsheer aufgestellt, 32.000 Soldaten. Für Gott waren es zu viele. Er wollte, dass Gideon mit deutlich weniger Männern die Midianiter besiegte. Es sollte nämlich keiner auf den Gedanken kommen, dass der Sieg durch die große Zahl von Kriegern käme und nicht von Gott.

Also befahl Gott, dass Gideon alle Männer, die ängstlich und verzagt seien, wieder nach Hause schicken sollte. Zu meinem großen Erstaunen waren das sehr viele. Es blieben gerade noch einmal 10.000 Soldaten übrig.

Aber auch das war Gott noch zu viel. Nun sollte das Verhalten der Männer entscheiden, wer mit in die Schlacht ziehen durfte. Dazu führte Gideon das verbliebene Heer an eine Wasserstelle. Dort sollten sie trinken. Auf Anweisung Gottes beobachteten Gideon und ich die Art und Weise, wie die Männer tranken. Es waren 300 Soldaten, die sich auf den Bauch legten und das Wasser, wie ein Hund, schleckten. Die übrigen knieten sich am Ufer nieder und schöpften das Wasser mit der Hand. Und diese Männer schickte Gideon auch noch fort.

In der Nacht schlichen Gideon und ich zum Lager der Midianiter. Wir wollten hören, was sie vorhatten. Tatsächlich konnten wir ein Gespräch belauschen. Einer erzählte einem andern einen Traum: „Ich habe geträumt, ein Laib Gerstenbrot rollte zum Lager der Midianiter. Er kam an das Zelt, stieß es um, dass es einfiel, und kehrte es um, das Oberste zuunterst, sodass das Zelt am Boden lag." Da antwortete der andere: „Das ist nichts anderes als das Schwert Gideons. Gott hat die Midianiter in seine Hände gegeben mit dem ganzen Heerlager."

Wir schlichen wieder zurück. Was wir gehört hatten, war eine weitere Bestätigung für das, was Gott verheißen hatte.

Als wir dann im Lager waren, teilte Gideon die 300 Männer in drei Gruppen ein. Jeder nahm ein Widderhorn. Wenn man hineinblies, konnte man laute Töne erzeugen. Dazu nahm jeder einen Tonkrug mit, in den er eine brennende Fackel steckte. Auf diese Weise konnte niemand das Licht sehen.

Es war gegen 22:00 Uhr, als sich alle Gruppen um das Lager der Feinde aufgestellt hatten. Auf Gideons Zeichen bliesen alle in die Hörner und zerschlugen die Krüge. Damit wurde es auf einmal taghell. Außerdem riefen sie: „Das Schwert für den Herrn und für Gideon!"

Die meisten der midianitischen Kämpfer hatten wohl schon geschlafen. Erschreckt kamen sie aus ihren Zelten und schlugen mit ihrem Schwert wild um sich. Dabei verloren viele ihrer Kameraden das Leben.

Zwei Midianiterfürsten wurden im Kampf getötet, zwei Könige brachte Gideon selbst um, nachdem er ihnen gefolgt war. Ohne Führung waren die Midianiter keine große Gefahr mehr für das Volk Israel.

Nathan

Als ein Prophet hat man viele verschiedene Aufgaben zu erledigen. Es geht aber immer darum, den Willen Gottes zu verkünden.

Mein Name ist Nathan, und ich gehöre zum Hof des Königs David.

Ich möchte von einem besonderen Auftrag berichten, den Gott mir gab. Es war eine heikle Aufgabe, die ich zu erfüllen hatte. Ich musste meinem König nämlich eine unangenehme Botschaft überbringen. Er hatte mindestens ein göttliches Gebot übertreten. Das musste ich ihm klarmachen und ihn dann darauf vorbereiten, dass Gott das nicht ungestraft hinnehmen würde.

Ich überlegte hin und her, wie ich diese Aufgabe möglichst diplomatisch erledigen könnte. Dann kam die göttliche Eingebung: Ich würde dem König mit einer erfundenen Geschichte deutlich machen, was er getan hatte.

König David war verwundert, mich zu sehen. „Was gibt es?", fragte er. Er sah nicht so aus, als sei er sich einer Schuld bewusst.

Dann begann ich zu erzählen:

In einer Stadt lebten zwei Männer. Der eine war reich, hatte eine große Schafherde und besaß dazu noch viele Rinder. Der andere war sehr arm, er hatte nur ein Schaf. Dieses Tier hegte und pflegte er, sodass es ihm und seiner Familie richtig ans Herz gewachsen war.

Bis hierher hörte König David interessiert zu: „Was hat das mit mir zu tun?"

Ich erzählte weiter:

35

Der reiche Mann bekam Besuch von einem wichtigen Gast. Er wollte ihn mit einem Festmahl verwöhnen. Dafür nahm er aber keines von seinen eigenen Tieren, sondern ließ das einzige Schaf des armen Mannes schlachten.

Der König war außer sich: „Dafür muss der reiche Mann hart bestraft werden. Er muss den armen Leuten das Tier ersetzen und dazu noch eine Menge Geld geben."

Als sich König David ein wenig beruhigt hatte, fuhr ich fort:

Du bist der reiche Mann in der Geschichte. Du hast großen Reichtum und viel Macht. Du hast ein Schloss und auch mehrere Frauen. Aber du musstest ja unbedingt die Frau von Uria, dem Soldaten, nehmen und mit ihr schlafen. Und nun erwartet sie ein Kind von dir.

Alle Farbe war aus dem Gesicht des Königs gewichen. Er sah mich mit großen Augen an. Aber er sagte nichts.

Ich war noch nicht fertig mit dem, was Gott mir aufgetragen hatte, dem König zu sagen:

Nachdem dein Plan nicht geklappt hat, Uria das Kind als sein eigenes unterzuschieben, hast du ihn in eine Schlacht geschickt, bei der er mit Sicherheit umkommen würde. Genau das ist auch geschehen. Du weißt, wer mit dem Schwert einen Unschuldigen tötet, wird selbst durch das Schwert sterben.

Ich hatte den König noch nie so betroffen gesehen. Fast unhörbar bekannte er seine Schuld: „Ja, ich habe gesündigt."

Noch etwas hatte ich dem König mitzuteilen: Gott hat dir deine Schuld vergeben. Deshalb wirst du nicht sterben müssen. Aber dein Sohn, den Urias Frau zur Welt bringen wird, wird sterben.

Damit war mein Auftrag erfüllt. Ich verließ den König. Aber natürlich verfolgte ich die Situation weiter.

Das Kind kam zur Welt, wurde aber wenige Tage nach der Geburt todkrank. Der König vergrub sich in seinem Schloss, betete und fastete, um damit Gott gnädig zu stimmen. Aber Gott änderte seinen Plan nicht – das Kind starb eine Woche später.

Als David das hörte, kam er aus seinen Gemächern heraus, kleidete sich wieder festlich und ging in den Tempel, um zu opfern. Anschließend ließ er sich in seinem Schloss ein schmackhaftes Essen bereiten und verzehrte es mit großem Appetit.

Ich war verwundert, als ich das hörte, und sprach einen der Ältesten an, die dem König während der Trauer beigestanden hatten. Er berichtete mir, dass König David sein Verhalten so erklärte, dass nun ja kein Grund mehr bestand zu fasten, denn sein Sohn war gestorben. Vorher hatte seine Handlungsweise durchaus noch einen Sinn gehabt, nämlich Gott gnädig zu stimmen. Nun wollte er aber wieder aktiv sein und seinen Aufgaben nachkommen.

Einige Zeit später, ich hatte diesen Auftrag schon fast vergessen, erfuhr ich eine interessante Neuigkeit. König David wurde wieder Vater. Die Frau, deren erstes Kind ja gestorben war, hatte erneut einen Sohn bekommen.

Sie nannten ihn Salomo.

Salomo

Es ist nicht ganz einfach, ein König zu sein, zumal auch mein älterer Bruder diesen Posten haben wollte. Aber mein Vater David hatte meine Wahl auf seinem Sterbebett noch einmal bestätigt. Und der liebe Gott hatte das auch bekräftigt, indem er meine Bitte nach viel Weisheit erfüllte. Aber davon später mehr.

Entschuldigung, ich sollte mich zunächst einmal vorstellen: Mein Name ist Salomo und ich bin König von Israel. Natürlich ist es toll, ganz viel zu sagen zu haben und sich bedienen zu lassen. Es gehört aber auch eine ganze Menge Arbeit dazu.

Ich habe den schönen großen Tempel in Jerusalem zuende bauen lassen, genau nach den Plänen meines Vaters. Da gab es viel zu bedenken, denn ein so großes Gebäude mit 15 m Höhe gab es sonst noch nirgendwo. Und sehr aufwendig war auch der Innenausbau.

Aber ich schweife ab. Ich will nämlich etwas ganz anderes erzählen. Neben meiner Regierungsarbeit muss ich auch noch Recht sprechen. Dabei sind es keine kleinen Streitereien, über die ich urteilen muss. Wenn mir ein Fall vorgetragen wird, dann hatte der es auch in sich.

Ich weiß noch ganz genau, wie es war, als an einem Morgen zwei Frauen zu mir geführt wurden. Eine von ihnen hatte ein Kind auf dem Arm. Und diese Frau fing sofort an zu keifen: „Die da", und damit zeigte sie auf die andere Frau, „will mir mein Kind wegnehmen. Nur weil ihr Kind gleich nach der Geburt gestorben ist."

Sie redete ohne Punkt und Komma weiter: „Und nun behauptet die Schlampe, dass ich die Kinder vertauscht habe. Dabei werde ich doch wohl genau wissen, ob das mein Kind ist oder nicht." Demonstrativ hielt sie den kleinen Wurm hoch, der daraufhin zu weinen begann.

Ich musste schon ein lautes Machtwort sprechen, um ihren Redeschwall zu unterbrechen. Die andere Frau sollte auch zu Wort kommen. Schließlich wollte ich die Sachlage von beiden Seiten hören.

Etwas schüchtern begann sie zu sprechen: „Wir haben beide vor einigen Tagen ein Baby zur Welt gebracht. Als ich dann zwei Tage später aufwachte, lag in meiner Wiege ein totes Kind. Aber das war nicht mein Kind. Das würde ich unter Tausenden erkennen."

„Ach was", mischte sich die andere Frau wieder ein, „die Neugeborenen gleichen sich doch wie ein Ei dem anderen. Und außerdem", sie machte eine kunstvolle Pause, „in meiner Wiege lag *mein* Kind," sie wies auf das Baby, das sie noch immer im Arm hatte, „und das lebte!"

Das war keine einfache Situation. Schließlich bin ich weder Arzt noch kann ich nach dem Aussehen entscheiden, welche der Frauen die wahre Mutter des Kindes ist.

Zunächst wollte ich die Mütter nach besonderen Merkmalen ihrer Babys befragen. Aber das habe ich dann sein gelassen. Ich war mir sicher, dass auch die falsche Mutter das Kind ganz genau beschreiben könnte. Deshalb schwieg ich zunächst. Dabei betete ich zu Gott um die zugesagte Weisheit. Und dann hatte ich die Erleuchtung.

„Wache", rief ich dem Türsteher zu, „bring mir sofort dein Schwert!" Diese Worte hatten eine verblüffende Wirkung. Plötzlich wurde es totenstill im ganzen Raum. Niemand bewegte sich mehr. Jedermann hielt den Atem an. Alle Augen waren auf mich gerichtet. Und alle waren gespannt, wie es nun weitergehen würde.

Ich nahm das Kissen von meinem Thron und legte es auf einen Stuhl. Dann bat ich die Frau, die immer noch den Säugling auf dem Arm trug, das Baby auf das Kissen zu legen. Ich erinnere mich noch genau an seine großen Augen, mit denen mich das Neugeborene ängstlich anschaute.

„Nun, wenn ihr euch nicht einigen könnt, wer die wahre Mutter dieses kleinen Wesens ist", hier machte ich nun eine bedeutungsvolle Pause, „dann werde ich das Kind teilen, und jede bekommt ein halbes Baby." Entsetzen breitete sich unter den Umstehenden aus.

Während ich diese Worte sprach, beobachtete ich die beiden Frauen genau. Die Mutter, die kreischend das Baby für sich haben wollte, zeigte einen zufriedenen Gesichtsausdruck. Auch ohne dass sie etwas sagte, konnte ich ihre Gedanken lesen: ‚Wenn ich das Kind nicht haben kann, dann soll sie es auch nicht bekommen.'

Die andere Frau zeigte eine völlig andere Reaktion. Zunächst blieb sie ganz starr stehen, dann schlug sie sich mit der Hand auf den Mund. Tränen liefen über ihre Wangen, als sie mit erstickter Stimme sagte: „Tut dem Kind kein Leid an. Gebt es dann lieber der anderen Frau."

Da wusste ich, was ich zu tun hatte. Ich nahm das Kind und gab es der wahren Mutter, deren Tränen augenblicklich versiegten. Glücklich schaute sie das Baby an und das kleine Wesen lächelte zurück.

Die andere Frau wollte sich unbemerkt davonstehlen, aber die Wachen hatten aufgepasst und sie festgehalten. Sie würde für ihre Tat schon die gerechte Strafe bekommen.

Irgendwie hat sich diese Geschichte sehr schnell in ganz Israel herumgesprochen. Überall, wohin ich dann reiste, kam immer wieder die Rede auf dieses weise Urteil. Ich kann nur sagen: Gott sei Dank dafür!

Elia

Ich möchte nicht in der Haut von König Ahab stecken. Der Mann ist noch schlimmer als seine Vorgänger, was den Götzendienst anbetrifft. Für ihn gibt es nur Baal, den Gott des Wetters. Er ließ sogar einen Tempel für ihn bauen. Deutlicher konnte er nicht mehr zeigen, dass ihm unser großer Gott nichts mehr bedeutete. Ich habe nun den Auftrag, ihm zu sagen, dass der Herr ihn und das Volk dafür bestrafen will.

Aber Entschuldigung, ich will mich zunächst vorstellen. Mein Name ist Elia. Ich komme aus Tischbe.

Natürlich war Ahab sauer, als ich ihm sagte: „In diesem Jahr fällt kein Regen mehr, außer wenn ich es sage." Der König war richtig wütend geworden. Deshalb hatte ich mich versteckt. Das war das Beste, was ich in dieser Situation tun konnte. Ich lief zu dem kleinen Bach Krit und hielt mich dort auf. Verdursten würde ich nicht, aber Hunger hatte ich schon.

Im vollen Vertrauen, dass mich der große Gott nicht umkommen lassen würde, setzte ich mich hin und wartete. Da erlebte ich ein merkwürdiges Schauspiel: Ein Rabe kam und brachte mir Brot und Fleisch, sodass ich auch etwas zu essen hatte.

Trotzdem musste ich den Platz bald verlassen, denn der kleine Bach trocknete aus. Ohne Regen führte er kein Wasser mehr. Und wieder hat der große Gott geholfen. Er schickte mich nach Zarpat, einem Ort an der Küste.

Als ich dort ankam, traf ich eine Frau beim Holzsammeln. Ich bat sie, mir etwas zu trinken zu bringen. Ich wusste durch die göttlichen Hinweise, dass sie eine Witwe war.

Als ich sie auch noch um etwas zu essen bat, zeigte sich ihr ganzes Elend: „Ich habe nur noch Mehl und Öl für einen Fladen. Den will ich gleich backen und mit meinem Sohn teilen. Danach werden wir uns hinlegen und auf den Tod warten." Das war ganz schön erschütternd.

Aber wieder offenbarte mir der Herr sein Vorhaben: „Das Mehl wird nicht alle werden und auch der Ölkrug wird so lange voll bleiben, bis es wieder regnet." Dann bat ich sie, die Speisen zu bereiten. Die Worte Gottes erfüllten sich. Wir hatten genug zu essen.

Dann passierte etwas, womit ich nicht gerechnet hatte. Der Sohn dieser armen Frau starb. Das war schlimm, denn sie hatten nun niemanden mehr, der sie im Alter versorgen konnte. Außerdem war sie aus einem anderen Grund sehr niedergeschlagen: „Seit du hier bist, hat Gott mich im Blick. Er sieht auch alle meine Sünden. Und nun bestraft er mich dafür und nimmt mir meinen Sohn."

Und wieder sagte mir Gott, was ich tun sollte. Ich nahm das Kind mit in meine Kammer, legte es auf das Bett und legte mich über seinen Körper. Dann betete ich: „O Herr, mache das Kind wieder lebendig." Nach einiger Zeit begann es wieder zu atmen. Und so konnte ich der Mutter ihren Sohn lebendig zurückgeben.

Inzwischen war mehr als ein Jahr vergangen, und es hatte noch immer nicht geregnet. Es war eine richtige Hungersnot ausgebrochen. Da bekam ich den Auftrag von Gott, zu Ahab zu gehen und ihm baldigen Regen anzukündigen.

Das Gespräch verlief so, wie ich es erwartet hatte. „Du hast Schuld!", schrie mich der König an. „Du hast ganz Israel ins Unglück gestürzt!" Ich blieb ganz ruhig dabei: „Du hast dich doch Baal zugewandt, eurem Regengott. Und was hat es genützt?"

Dann machte ich einen Vorschlag, auf den der König einging: Das Volk Israel und die Priester von Baal sollten sich zu einem Duell auf dem Berg Karmel versammeln. Dort würde sich zeigen, wer den lebendigen Gott anbetete.

Auf dem Berg bauten die Baalspriester einen hölzernen Altar auf und legten einen Stier als Opfertier darauf. Dann riefen sie ihren Gott, dass er Feuer von Himmel schickte und so das Holz in Brand setzte.

Es verging Stunde um Stunde, aber nichts geschah. Als ich sah, wie die Baalspriester um den Altar tanzten und sangen, konnte ich nicht an mich halten: „Ihr müsst lauter singen, vielleicht schläft euer Gott!", oder „Baal ist bestimmt spazieren gegangen, er kann euch nicht hören!" Ich weiß, das war gemein.

Als weitere Stunden vergangen waren, baute ich mit dem Volk, das mich begleitet hatte, einen Opferaltar auf. Zunächst legte ich 12 Steine hin, dann schichteten wir das Holz darüber und legten das Opfertier darauf. Zum Schluss machte ich noch einen Graben um den Altar. Die Männer gossen dann so viel Wasser über den Altar, bis sich dieser Graben gefüllt hatte.

Anschließend betete ich: „Großer Gott, zeige dich und lass Feuer vom Himmel fallen und diesen Altar entzünden." Und im selben Augenblick kam Feuer vom Himmel. Der Altar brannte lichterloh. Das Feuer war so heiß, dass sogar das Wasser im Graben nachher verschwunden war.

Nachdem alle vor Ehrfurcht eine Zeit lang wie versteinert da gestanden hatten, kam Bewegung in die Baalspriester und sie liefen davon. Aber weit kamen sie nicht. Die vielen Israeliten hielten sie fest und ließen sie nicht entkommen.

Ahab war sichtlich zerknirscht. „Geh und iss etwas, denn es wird gleich regnen." Damit schickte ich ihn weg. Ich selbst ging zum Gipfel des Berges und betete zu Gott. Gleichzeitig schickte ich meinen Diener, nach Regen Ausschau zu halten.

Sechsmal kam er mit einem Kopfschütteln zurück. Beim siebenten Mal hatte er eine kleine Wolke entdeckt, die vom Meer heraufzog. Und es dauerte nicht lange, da wurde der Himmel schwarz und es goss in Strömen.

Wirklich toll, dass alles, was Gott sagt, auch eintrifft.

Amnon

Es ist eine schöne Gemeinschaft, die wir als die Prophetenjünger haben. Wir haben die Gabe, Dinge vorherzusagen, so zum Beispiel, dass Elisa, der einer von uns ist, die Nachfolge von Elia antreten würde.

Mein Name ist Amnon, ich gehöre viele Jahre zu dieser Gruppe. Wir leben in Armut und dienen Gott allein. Um zu überleben, sind wir auf Spenden angewiesen.

Vor Kurzem passierte etwas Schreckliches: Einer aus unserer Gruppe starb ganz plötzlich und hinterließ seine Frau und zwei Kinder. Die Frau wandte sich an Elisa, weil sie Schulden hatte, die sie nicht begleichen konnte. Sie sagte, dass der, bei dem die Schulden bestanden, ihre beiden Kinder als Sklaven nehmen wollte.

Ich war bei diesem Gespräch zugegen. Elisa fragte zunächst: „Was soll ich dir tun?" Die Frau zuckte mit den Schultern. Wahrscheinlich hatte sie noch nicht über die Zukunft nachgedacht und war nur um ihre beiden Kinder besorgt.

Dann fragte Elisa weiter: „Was hast du im Hause?" Die arme Frau antwortete: „Nichts, außer einem Krug Öl." Gleich darauf gab Elisa eine Anweisung: „Geh hin und erbitte draußen von allen deinen Nachbarinnen leere Gefäße, aber nicht zu wenig. Geh dann ins Haus und schließ die Tür zu hinter dir und deinen Söhnen und gieß in alle Gefäße Öl aus deinem Krug. Wenn du sie gefüllt hast, so stelle sie beiseite."

Eine solche Antwort hatte ich nicht erwartet. Wahrscheinlich musste ich ein verdutztes Gesicht gemacht haben. Aber ich hatte mich schnell wieder in der Gewalt und half der Witwe dabei, die Anweisung von Elisa umzusetzen und viele Krüge zusammenzutragen. Außerdem wollte ich natürlich wissen, wie es weiterging.

Ich erfuhr erst später, was sich hinter den verschlossenen Türen abgespielt hatte. Die beiden Kinder hatten die geliehenen Krüge auf den Tisch gestellt. Dann füllte die Frau aus ihrem Ölkrug alle Krüge mit Öl. Als der letzte Krug voll war, hörte das Öl auf zu fließen. Hier war ein Wunder geschehen, denn im Krug der Witwe war nie so viel Öl gewesen, dass sie alle geliehenen Gefäße hätte füllen konnen.

Dann hörte ich Elisa zu ihr sagen: „Geh hin, verkaufe das Öl und bezahle deine Schulden. Du aber und deine Söhne nährt euch von dem Übrigen." Und das tat die Frau. Wir halfen ihr natürlich dabei, die die vollen Krüge zu verkaufen.

Als alles erledigt war, dankten wir dem großen Gott, dass er diese Frau vor großer Armut und ihre Kinder vor dem Sklavendienst bewahrt hatte.

Reman

Es ist schon recht anstrengend, Naaman als Herrn zu haben. Er ist ein sehr erfolgreicher Heerführer und hat so manchen Krieg gewonnen.

Ich möchte mich kurz vorstellen. Mein Name ist Reman, ich gehöre zum Volk der Aramäer. Als erster Diener von Naaman bin ich stets in seiner Nähe und versuche, ihm seine Wünsche von den Augen abzulesen.

Zurzeit ist es nicht einfach mit meinem Herrn. Er ist von der Schuppenflechte befallen. Zwar ist es noch nicht ganz so schlimm. Wenn die Krankheit aber fortschreitet, wird er isoliert leben müssen. Damit wäre dann seine Karriere als Feldhauptmann zuende.

Ein junges Mädchen aus Israel ist als Zofe bei der Frau meines Herren tätig. Und als sie von dem Aussatz meines Herrn erfuhr, sagte sie, dass ein Prophet in Samaria ihn sicher heilen könnte.

Als Naaman davon hörte, bat er unseren König Aram, dass er nach Samaria reisen dürfte, um sich von seiner Krankheit heilen zu lassen. Der König war damit einverstanden und so begeben wir uns auf diese Reise.

Ich bin allerdings erstaunt, dass wir eine Menge an Silber und Gold mit uns führen. Außerdem wundert es mich, dass uns der Weg direkt zum König der Israeliten führt anstatt zu dem Propheten.

Ganz vorsichtig frage ich nach den Gründen. Da zeigt mir Naaman den Brief, den ihn unser König mitgegeben hat. Darin steht, dass Aram den israelitischen König bittet, seinen Feldhauptmann vom Aussatz zu befreien.

Naaman wird tatsächlich zum König vorgelassen. Ich warte so lange vor dem Palast. Aber kurze Zeit später kommt mein Herr schon wieder heraus. Er sieht wütend aus. Er murmelt etwas davon, dass der König ihn hinausgeworfen hat, er wäre schließlich kein Wunderheiler und kein „Gottkönig".

Nach einiger Zeit erinnert sich Naaman daran, dass das Mädchen von einem Propheten und nicht vom König gesprochen hatte. Also machen wir uns auf den Weg zu dem Propheten Elisa.

Die Geschichte vom Besuch beim König muss sich schon herumgesprochen haben, auch der Prophet musste sie gehört haben. Als unsere Pferde und Wagen vor dem Haus von Elisa halten, kommt einer seiner Bediensteten heraus, geht auf Naaman zu und sagt zu ihm: „Mein Herr lässt dir ausrichten, du sollst dich siebenmal im Jordan waschen, dann wirst du gesund."

Ich ahne, was gleich passieren wird: Naaman explodiert. Er schimpft laut vor sich hin: „Der Prophet ist sich wohl zu fein, selbst zu kommen. Und dann noch diese Aufforderung, sich in dem dreckigen Jordan zu waschen. Wir haben doch zu Hause viel sauberere Flüsse und Bäche."

In seiner Wut hat er noch viel mehr gesagt, aber das möchte ich hier nicht wiederholen.

Ich warte, bis er sich ein wenig beruhigt hat. Dann versuche ich ihn dazu zu bewegen, dem Rat des Propheten zu folgen. „Wenn er etwas ganz Großes und Schweres von dir verlangt hätte, dann hättest du es doch getan. Versuche es doch mit diesem einfachen Ratschlag."

Auch die anderen Knechte reden auf ihn ein. Es dauert eine ganze Zeit, aber dann lässt er sich umstimmen. Wir fahren zum Jordan. Es ist eine Stelle, an der man sich völlig untertauchen kann. Der Jordan ist ein recht flaches Gewässer, und es gibt nur wenige Plätze, an denen das möglich ist.

Etwas widerwillig geht Naaman ins Wasser. Er wäscht sich und taucht dabei siebenmal unter. Dann kommt er heraus. Sein Gesichtsausdruck sagt, dass alles vergeblich gewesen war. Dann schaut er aber an sich herunter. Die Schuppenflechte ist weg.

Vor lauter Staunen bekommt er kein Wort heraus. Alle, die ihn begleitet haben, beginnen laut zu jubeln und zu tanzen. Unser Herr ist wieder gesund!

Es dauert eine ganze Zeit, bis wir uns alle beruhigt haben. Vor unseren Augen ist ein Wunder geschehen. Ich weiß nicht, ob ich das geglaubt hätte, wenn man es mir nur erzählt und ich es nicht mit eigenen Augen gesehen hätte.

Wir fahren alle zurück zum Haus von Elisa. Dieses Mal kommt er selber heraus. Naaman dankt ihm mit überschwänglichen Worten. Er lobt den Gott der Israeliten als den einen wahren Gott.

Als er Elisa als besonderen Dank die mitgebrachten Schätze anbietet, wird dieser etwas ungehalten. Er macht deutlich, dass sich Gott weder durch Geschenke noch durch irgendeine menschliche Macht beeinflussen lässt.

Naaman steht immer noch unter dem Eindruck des Wunders, das an ihm geschehen ist. Er möchte dem Gott Israels ein Opfer bringen. Wegen der heidnischen Götter, die in seiner Heimat verehrt werden, geht das nur hier.

Aber noch etwas anderes bewegt meinen Herrn. Ich bin erstaunt über das, was er jetzt mit Elisa beredet. Er hat Sorge, dass er den wahren Gott betrüben könnte, wenn er unseren

König Aram in den Tempel begleiten muss, der dort den Wettergott Rimmon anbetet. Aber Elisa beruhigt ihn. Gott schaut in das Herz des Menschen.

Auf dem Rückweg sitze ich neben einem veränderten Hauptmann. Sicher wird er weiter im Dienst unseres Königs stehen und für ihn die Kriege führen. Ich habe aber das Gefühl, dass er dann einen Sieg nicht nur sich selbst zuschreiben wird, sondern auch dem Gott Israels.

Jesaja

Als Prophet hatte ich schon oft den Auftrag, den Willen Gottes zu verkünden. Das war leicht, wenn es frohe Botschaften waren. Aber jemandem mitzuteilen, dass er bald sterben müsse, fiel mir dann doch recht schwer.

Mein Name ist Jesaja. Ich möchte über ein Geschehen berichten, das von Hiskia handelt, der zu meiner Zeit König von Juda war.

Hiskia war ein guter König, denn er zerstörte die Götzenbilder, die sich die Menschen gemacht hatten. Außerdem versuchte er, in Frieden mit seinen Nachbarn zu leben.

Die benachbarten Könige wollten aber Juda und speziell Jerusalem einnehmen. Ich konnte Hiskia sagen, dass der Herr seine schützende Hand über diese Stadt halten würde. In der Nacht ging ein Engel des Herrn durch das Lager der assyrischen Soldaten und brachte sie alle um. Man konnte die vielen Leichen gar nicht zählen, es waren Abertausende.

Nachdem diese Gefahr vorüber war, wurde Hiskia sehr krank. Im Auftrag Gottes musste ich ihm sagen, dass er bald sterben würde. Er weinte und war enttäuscht: „Ach, Herr, gedenke doch, dass ich vor dir in Treue und mit rechtschaffenem Herzen gewandelt bin und getan habe, was dir wohlgefällt." Aber ich konnte ihm nichts anderes sagen als das, was der Herr mir aufgetragen hatte.

Als ich auf dem Weg war, um das Schloss des Königs zu verlassen, bekam ich von Gott einen weiteren Auftrag. Ich sollte noch einmal zu Hiskia gehen und ihm sagen, dass er fünfzehn Jahre weitere Lebenszeit erhalten würde. Hatte Gott seine Meinung geändert? Aber warum musste ich dann zuerst dem König seinen nahen Tod ankündigen? Aber der Herr würde schon seine Gründe dafür haben.

Ich ging also zurück. Hiskia war erstaunt, mich schon wieder zu sehen. Ich teilte ihm mit, was Gott mir offenbart hatte: „So spricht der Herr, der Gott deines Vaters David: Ich habe dein Gebet gehört und deine Tränen gesehen. Siehe, ich will dich gesund machen und ich will fünfzehn Jahre zu deinem Leben hinzutun und dich und diese Stadt erretten vor dem König von Assyrien." So sollte Hiskia nach drei Tagen wieder gesund sein.

In dieser Situation bat Hiskia um ein Zeichen, dass sich meine übermittelten Worte auch wirklich erfüllen würden. Gott, der ja auch der Herr über die Zeit ist, sagte zu, den Schatten des Zeigers an der Sonnenuhr zehn Striche zurückgehen zu lassen. Irgendwie meinte Hiskia wohl, es wäre leichter, die Sonnenuhr vorgehen als zurückgehen zu lassen. Deshalb wählte er dieses schwerere Zeichen.

Ich konnte mir zwar nicht vorstellen, dass die Sonnenuhr zurückgehen würde, denn die Bahn der Sonne am Himmel verlief jeden Tag immer ganz gleichmäßig, ich hatte es noch nie anders erlebt. Aber es geschah wirklich so, wie ich es im Auftrag Gottes verkündet hatte. Die Sonnenuhr lief ein ganzes Stück rückwärts.

Ich erlebte dann auch, dass der König ganz schnell wieder gesund wurde und in den Tempel ging, um Gott ein Dankopfer zu bringen. Und er lebte noch viele Jahre, so wie es ihm Gott verheißen hatte.

Daniel

Es ist nicht einfach, in einem fremden Land zu leben, zumal ich nicht freiwillig dort hingegangen bin.

Mein Name ist Daniel. Zusammen mit meinen drei Freunden hatte uns der König Nebukadnezar an seinen Hof geholt, nachdem er Jerusalem erobert hatte. Wir sollten ausgebildet werden und dann für ihn arbeiten.

Da der oberste Kämmerer uns wohl gesonnen war, hatten wir es während dieser Zeit sehr gut. Nach einem Jahr wurden wir dann Diener des Königs. Er hielt große Stücke auf das, was wir sagten. Für uns war das ein Zeichen, dass der große Gott mit uns war.

Im zweiten Jahr aber geschah etwas Außergewöhnliches. Der König hatte einen Traum, der ihn furchtbar erschreckte. Aber er verstand nicht, was dieser Traum bedeutete.

Natürlich ließ er alle weisen Männer und Traumdeuter zu sich rufen, die ihm die Bedeutung des Traums erklären sollten. Es waren viele Männer, die den Palast des Königs betraten. Ich wartete derweil ab. Auch ich hatte von einem schrecklichen Traum des Königs gehört. Aber mehr wusste ich nicht.

Nach einiger Zeit kamen die Männer wieder heraus. Sie waren sehr erregt. Ich hörte einige Wortfetzen: „Der König spinnt wohl." „Das ist völlig unmöglich." „..., sonst will er uns alle töten lassen."

Dann erfuhr ich, was sich abgespielt hatte. Der König wollte seinen Traum gedeutet haben, aber er sagte nicht, was er geträumt hatte. Ich weiß nicht, ob er es vergessen hatte oder ob er seine Gelehrten auf die Probe stellen wollte. Aber eine solche Aufgabe konnte kein Mensch lösen. Es musste wohl die

Enttäuschung über das Versagen der Männer gewesen sein, die den König dazu veranlasste, sie alle umbringen zu lassen.

Ich kannte den Mann gut, der auf Anweisung des Königs alle seine Berater töten sollte. Deshalb ging ich zu ihm und sagte: „Warte noch, bevor du diesen Befehl ausführst. Ich will zum König gehen und ihm seinen Traum sagen und auch deuten." Er sah mich fragend an, sorgte aber dafür, dass ich zum König vorgelassen wurde.

Zuvor traf ich mich mit meinen drei Freunden. Wie beteten zu Gott, dass er uns den Traum und seine Deutung offenbaren möchte. Es war uns klar, dass kein Mensch diese Aufgabe mit seinem Verstand bewältigen konnte. Hier konnte nur Gott helfen.

In der darauf folgenden Nacht hatte ich den gleichen Traum wie Nebukadnezar. Außerdem wurde mir klar, was der Traum zu bedeuten hatte. Sofort dankte ich dem großen Gott, dass er mir dieses Geheimnis offenbart hatte. Damit konnte ich dann auch – praktisch so nebenbei – das Leben der Weisen und Traumdeuter retten.

Dem König erklärte ich zunächst, dass ein Mensch die von ihm verlangte Aufgabe niemals lösen könne. Nur Gott, der die Macht über alles habe, könne das tun. Und ich ergänzte, dass Gott mir den Traum des Königs gezeigt und die Deutung offenbart habe.

„In deinem Traum sahst du einen großen und hohen Menschen, der schrecklich aussah. Sein Kopf bestand aus Gold, Brust und seine Arme waren aus Silber, sein Bauch und seine Lenden waren aus Kupfer und seine Schenkel waren aus Eisen. Seine Füße waren unterschiedlich, teils aus Eisen und teils aus Ton.

Dann kam ganz plötzlich ein Stein geflogen. Er traf die Füße. Sie zerfielen zu Staub. Danach löste sich auch die ganze Figur auf und ein Wind zerstreute die zu Pulver zermalmte Figur in alle Richtungen. Dann wurde der Stein immer größer, bis du nur noch den Stein gesehen hast."

Während ich sprach, beobachtete ich den König. Zuerst war sein Gesichtsausdruck noch recht skeptisch, dann erstaunt und zum Schluss recht ängstlich. Irgendwie musste er wohl eine Ahnung haben, was der Traum für ihn bedeutete.

„Du bist ein mächtiger König. Aber nach dir wird ein Reich entstehen, das nicht so stark ist, aber an Härte und Unnachgiebigkeit zunimmt. Das sagen die verschiedenen Metalle. Durch Eisen wird schließlich alles zerstört werden. Aber Eisen kann sich mit Ton nicht vermischen. Deshalb wird das letzte Reich, von dem dieses Bild spricht, ein geteiltes Reich sein."

Ich machte eine Pause, denn ich sah, dass der König diese Worte erst einmal verarbeiten musste. Schließlich sah er mich an und fragte, was der Stein zu bedeuten habe.

„Der Stein stellt das Reich Gottes dar. Ohne menschliches Zutun wird es entstehen und sich über die ganze Welt ausbreiten."

Dann geschah etwas, was ich mir vorher nie vorstellen konnte. Der König warf sich vor mir auf die Erde. Dann befahl er, meinem Gott ein großes Opfer zu bringen. Und auf meinen Hinweis ordnete er an, dass keiner seiner bisherigen Berater getötet werden sollte.

Wenig später wurde ich fürstlich belohnt für das, was ich getan hatte. Dabei hatte ich es nur mit Gottes Hilfe tun können. Außerdem wurde ich als Oberster über alle weisen Männer gesetzt und als Fürst über das Land Babel. Aber diese Aufgabe konnte ich an meine Freunde weitergeben. Ich blieb am Hof des Königs.

Irgendwie hatte ich das Gefühl, dass diese Ehrungen Neider auf den Plan rufen würden, die mir das Wohlwollen unseres Königs nicht gönnten.

Daniel

Also, ich bin schon sehr verwundert, was die Leute so alles glauben. Da kann man nur mit dem Kopf schütteln. Sie glauben sogar, dass eine Statue aus Lehm und Kupfer Fleisch isst und Wein trinkt.

Aber zunächst muss ich mich vorstellen. Mein Name ist Daniel. Ich bin ein enger Vertrauter meines Königs Kyrus. Der ist eigentlich König von Persien, hat aber das babylonische Reich eingenommen, als unser König Astyages starb.

Aber ich wollte ja von dem Götzendienst berichten, der von dem Volk ausgeführt wurde.

Die Leute opferten der großen Statue von Bel eine ganze Menge an Lebensmitteln. Das muss man sich einmal richtig vorstellen: Jeden Tag brachte man diesem Götzen 12 Sack Mehl, 40 Schafe und 6 Eimer Wein. Und am nächsten Tag war das alles verschwunden.

Sogar mein König glaubte, dass Bel diese Opfergaben vertilgt hatte. Also ging er auch in den Tempel, in dem die Statue von Bel stand, und betete sie an und opferte.

Natürlich wusste mein König, dass ich nichts von diesem Götzenkult hielt und dass ich zu meinem Gott betete. Und er fragte mich, warum ich Bel nicht anbeten würde.

Meine Antwort war klar: „Ich bete keine Dinge an, die von Menschenhand gemacht wurden. Mein Gott ist der lebendige Schöpfer Himmels und der Erden."

Mit dem Argument, dass doch die ganzen Opfergaben am nächsten Tag verschwunden waren, wollte er mir weismachen, dass Bel lebte, weil er ja schließlich auch essen und trinken würde.

Der König rief nun seine Priester zur Hilfe. Sie sollten ihm beweisen, dass Bel diese Opfergaben verzehren würde. Wenn sie das könnten, sollte ich sterben. Wenn ihnen das aber nicht möglich war, dann wäre ihr Leben zu Ende.

An der Art, wie die Priester sich verhielten, merkte ich, dass sie sicher waren, dass ich den Kürzeren ziehen würde. Deshalb machten sie auch den Vorschlag, dass der König selbst die Opfergaben hineinbringen und dann die Tür mit seinem Ring versiegeln sollte.

Bevor mein König aber die Tür verschloss, ließ ich Asche in dem Raum um die Opfergaben herum verstreuen. Ich hatte so eine Ahnung, wie die Lebensmittel verschwanden.

Am nächsten Tag standen der König, die Priester und ich vor der immer noch versiegelten Tür. In den Gesichtern der Männer stand ein siegessicheres Lächeln.

Der König öffnete die Tür und schaute hinein. Alle Opfergaben waren verschwunden. Das teilte er uns allen mit lauter Stimme mit. Ein Jubel brach unter den Priestern los.

Dann machte ich meinen König auf die Spuren aufmerksam, die durch die Asche auf dem Fußboden sehr gut zu erkennen waren.

So schnell, wie der König erbleichte, habe ich das noch nie bei einem Menschen erlebt. Dann schnappte er nach Luft. Schließlich ließ er auch die Frauen und Kinder der Priester holen, denn an den Fußspuren war klar zu erkennen, dass sie nicht nur von männlichen Füßen stammten.

Ganz kleinlaut zeigten sie dann dem König die Geheimgänge, durch die sie immer nachts zu den Opfergaben gelangt waren. Es waren an die 70 Priester mit ihren Familien. Aber bei dem reichhaltigen Opfer hatten sie ein ganz bequemes Leben.

Mein König stand zu seinem Wort, die Priester wurden getötet. Ich hatte die ehrenvolle Aufgabe, diesen Götzen samt Tempel zu zerstören, damit niemand ihn mehr anbeten könne.
Aber mein Gefühl sagt mir, wenn es nicht Bel ist, den die Menschen anhimmeln, dann werden sie sich etwas anderes suchen.
Dabei ist der große und lebendige Gott doch so nahe.

Zacharias

Ich hätte nie geglaubt, dass ich einmal einen lebendigen Engel sehen würde, der dann auch noch mit mir redete.

Mein Name ist Zacharias. Ich gehöre zu einer der 24 Gruppen von Priestern, die der Reihe nach den Tempeldienst zu verrichten hatten, das heißt, das Räucheropfer zu bringen und die anwesenden Gläubigen zu segnen. Wer von uns Priestern das zu tun hat, wurde durch das Los bestimmt.

Meine Frau und ich sind schon recht alt. Gerne hätten wir Kinder gehabt, aber es hatte leider nicht geklappt. Natürlich waren wir darüber traurig. Obwohl wir ein frommes und Gott wohlgefälliges Leben geführt und Gott oftmals unseren Kinderwunsch vorgetragen hatten, war uns dieser Segen versagt geblieben.

An diesem Sabbat war nun das Los auf mich gefallen, den Dienst im Tempel auszuführen. Während ich das Räucheropfer brachte, standen viele Gläubige draußen und beteten.

Ganz plötzlich stand ein Engel neben dem Altar. Ich erschrak furchtbar, denn ich hatte niemanden hereinkommen hören. Dann hörte ich seine Stimme: „Fürchte dich nicht, Zacharias, denn dein Gebet ist erhört, und deine Frau Elisabeth wird dir einen Sohn gebären, und du sollst ihm den Namen Johannes geben."

Zuerst konnte ich gar nicht erfassen, was der Engel mir sagte. Elisabeth und ich sollten Eltern werden, und das, obwohl wir schon sehr alt waren. So recht konnte ich das nicht glauben.

Der Engel sprach dann weiter, dass sich viele Menschen über seine Geburt freuen würden. Außerdem hätte er den Heiligen Geist und würde die Menschen wieder zu Gott bekehren.

Mir war, als ob ich träumen würde. Erst langsam begann ich zu begreifen, was ich gerade gehört hatte. Aber ich fragte noch einmal nach, ob das wirklich so sein würde und woran ich erkennen könnte, dass sich seine Worte erfüllen würden.

Auch darauf antwortete mir der Engel: „Ich bin Gabriel, der vor Gott steht, und bin gesandt, mit dir zu reden und dir dies zu verkündigen. Und siehe, du wirst stumm werden und nicht reden können bis zu dem Tag, an dem dies geschehen wird." Danach war er genauso plötzlich verschwunden, wie er gekommen war.

Ich führte meinen Dienst zu Ende und ging zu den wartenden Menschen hinaus. Als ich sie segnen wollte, konnte ich kein Wort herausbringen. Ich war stumm geworden, wie es der Engel vorausgesagt hatte.

Die Menschen merkten, dass etwas Besonderes geschehen sein musste. Ich konnte ihnen nur mit Handbewegungen verdeutlichen, dass sie an diesem Tag ohne Segen wieder gehen müssten.

Auch bei Elisabeth war es sehr schwer, ihr begreiflich zu machen, was ich erlebt hatte. Wie sollte ich ihr nur mitteilen, dass wir doch noch Eltern werden würden? Aber wir fanden eine Lösung. Alles, was ich sagen wollte, schrieb ich auf eine kleine Tafel. Das war zwar recht umständlich. So aber konnte Elisabeth erfahren, was der Engel mir gesagt hatte. –

Die Worte des Engels erfüllten sich, Elisabeth wurde schwanger. Ich konnte die Zeit bis zur Geburt kaum abwarten, denn nach den Worten des Engels sollte ich wieder reden können, sobald das Kind auf der Welt wäre.

Endlich war es soweit, der Junge wurde geboren. Es war üblich, dass die Knaben am Tag ihrer Beschneidung auch einen

Namen erhielten. An diesem Festtag waren die Verwandten und Nachbarn zusammengekommen. Alle waren neugierig, welcher Name es wohl sein würde. Sie erwarteten, dass er genauso heißen sollte wie ich.

Aber Elisabeth sagte. „Er soll Johannes heißen." Ungläubig schüttelten die Anwesenden den Kopf. Niemand aus der Verwandtschaft trug den Namen ‚Johannes'. Die Anwesenden waren nicht zufrieden mit der Entscheidung meiner Frau, und es kam eine Unruhe auf. Deshalb fragten sie mich, wie mein Sohn heißen sollte. Ich schrieb ‚Johannes' auf meine kleine Tafel. Und im gleichen Augenblick konnte ich wieder sprechen: „Ja, er soll Johannes heißen!"

Alle freuten sich, dass ich nicht mehr stumm war, am glücklichsten aber war ich selbst. In meinen Jubel stimmten alle mit ein. Der kleine Johannes war von dem Lärm erschreckt worden und begann zu weinen. Aber seine Mutter nahm ihn auf den Arm und tröstete ihn. Bald strahlte er uns wieder alle an.

Josef

Was bin ich froh, dass wir wieder zurück sind aus Ägypten und in Nazareth leben können. Das war schon eine aufregende Zeit, die wir erlebt haben.

Mein Name ist Josef. Meine Frau heißt Maria, und unser Sohn hat den Namen Jesus.

Ich will die Geschichte von Anfang an erzählen. Maria war eine junge und schöne Frau. Ich verliebte mich in sie. Dann bekam meine Zuneigung aber einen harten Dämpfer: Wir hatten uns verlobt und wollten heiraten. Da wurde sie schwanger, aber ich konnte nicht der Vater sein. Um sie nicht zu kompromittieren, wollte ich sie ganz still und heimlich verlassen.

Dann widerfuhr mir etwas, was ich zuvor noch nie erlebt hatte. In der Nacht, als ich mich aus dem Staub machen wollte, erschien mir ein Engel im Traum. Aber es war kein wirres Zeug, was ich träumte, sondern so lebensecht, als ob der Engel wirklich vor mir stehen würde. Er sagte: „Maria ist vom Heiligen Geist schwanger. Sie wird einen Sohn bekommen, den ihr Jesus nennen sollt. Und du bleibst mit ihr zusammen."

Wir heirateten und freuten uns auf das Kind. Dann kam ein Gebot vom Kaiser Augustus. Alle Menschen in seinem Reich sollten sich zählen lassen. Und dazu sollte jeder Mann in den Ort gehen, in dem er geboren war. Wenn er Familie hätte, sollte die Familie ihn begleiten.

Da ich aus Bethlehem stammte, musste ich mich, wohl oder übel, dorthin auf den Weg machen. Problematisch war es nur, dass Maria hochschwanger war. Aber wir packten alles ein, was wir für ein neugeborenes Kind brauchten und brachen auf. Der Weg war beschwerlich und dauerte viele Tage.

In Bethlehem waren zahlreiche Menschen unterwegs. Entsprechend schlecht war die Aussicht auf einen Raum, in dem wir für einige Tage bleiben konnten. Außerdem stellten sich bei Maria die ersten Anzeichen der bevorstehenden Geburt ein.

Bei mehreren Herbergen erhielten wir Absagen. Schließlich kamen wir in einer Höhle unter, die als Stall genutzt wurde. Und dort kam das Kind zur Welt. Obwohl es das erste Kind war, das Maria geboren hatte, war sie sehr geschickt darin, es zu wickeln und zu versorgen.

Es kamen Schafhirten zu uns. Sie hatten uns gesucht, weil Engel ihnen verkündet hatten, dass der Heiland geboren sei, und zwar in einem Stall. Er würde dort in einer Krippe liegen. Damit hatte Gott andere Menschen auf seinen Sohn aufmerksam gemacht.

Geschenke bekamen wir von drei weisen Männern, die einem Stern zu uns gefolgt waren. Sie waren sicher, dass dieser Stern sie zu einem neugeborenen König führen würde. Sie waren zuerst im Palast von König Herodes gewesen und erfuhren, dass in der Bibel ein Hinweis auf die Stadt Bethlehem stand.

Zunächst sprachen sie davon, dass sie auf dem Rückweg wieder zu Herodes gehen würden, um ihm zu sagen, wo genau der neugeborene König wäre. Als sie sich dann später auf den Weg machten, war davon keine Rede mehr. Ich hatte den Eindruck, dass sie auf keinen Fall Herodes verraten wollten, wo Jesus, Maria und ich untergekommen waren.

Dieses Verhalten konnte ich erst am nächsten Tag verstehen. Wieder hatte ich einen Traum, bei dem ich das Gefühl hatte, ein Engel würde direkt vor mir stehen. Was der Engel sagte, hatte mich sehr erschreckt: „Steh auf, nimm das Kindlein und seine Mutter mit dir und flieh nach Ägypten. Bleibe dort, bis ich es dir sage. Denn Herodes hat vor, das Kindlein zu suchen, um es umzubringen."

Gleich in der Nacht brachen wir auf, um möglichst schnell aus dem Einflussbereich von Herodes heraus zu kommen. Wir waren wieder einige Tage unterwegs, bis wir in Ägypten ankamen und eine Bleibe gefunden hatten.

Von Kaufleuten hörten wir dann einige Zeit später, was Herodes wirklich getan hatte. Die weisen Männer hatten ihn nicht wieder aufgesucht. Deshalb wurde er so wütend, dass er alle Jungen im Alter bis zu zwei Jahren umbringen ließ. Was musste das für ein Leid und eine Trauer bei den Eltern dieser Kinder gewesen sein. Erneut waren wir Gott dankbar, dass er uns vor diesem Schicksal bewahrt hatte.

Von den Kaufleuten erfuhren wir nach einiger Zeit auch, dass Herodes gestorben sei. Zuerst dachte ich, es wäre nun der richtige Moment, wieder nach Israel zurückzukehren. Dann hörte ich aber, dass der Sohn von Herodes, Archelaus, König geworden war. Da war ich wieder unsicher.

Erneut war es Gott, der mir einen Traum schenkte, indem mir wieder ein Engel gebot, nach Israel zurückzukehren. Wir machten uns auf den Weg.

Nun wohnen wir in Nazareth. Dort kann ich meiner Arbeit als Zimmermann nachgehen und so meine inzwischen größer gewordene Familie ernähren.

Naftali

Es war ein ganz gewöhnlicher Tag, wie immer schönes Wetter. Unsere Schafe grasten friedlich auf der Wiese. Unser Hund passte auf, dass sich keines der Tiere zu weit von der Herde entfernte.

Ich will mich kurz vorstellen. Mein Name ist Naftali. Zusammen mit meinen Freunden kümmern wir uns um unsere Schafherde und die Schafe der anderen Leute, die keinen eigenen Hirten haben.

Inzwischen war es Nacht geworden. Das Feuer, um das herum wir uns gesetzt hatten, beleuchtete nur gerade den Platz, auf dem wir saßen. Unsere Schafe hatten sich dicht aneinandergedrängt, um sich zu wärmen. In den Nächten konnte es empfindlich kalt werden.

Plötzlich geschah etwas Merkwürdiges. Ein Mann kam auf uns zu. Sein ganzer Körper war von einem Lichtschein umgeben. Es wurde hell um uns herum.

Natürlich nahmen wir erst einmal eine Abwehrhaltung ein. Was wollte dieser Mensch? Wollte er Schafe stehlen? Wollte er unsere wenigen Habseligkeiten rauben?

Dann begann er zu sprechen. Seine Stimme war weich und mild. Mit jedem seiner Worte wurden wir ruhiger:

„Fürchtet euch nicht! Siehe, ich verkündige euch große Freude, die allem Volk widerfahren wird; denn euch ist heute der Heiland geboren, welcher ist Christus, der Herr, in der Stadt Davids."

Wir schauten uns verdutzt an. Dieser Mensch sprach von unserem Heiland, der uns schon vor langer Zeit verheißen worden war. Der sollte nun geboren sein. Wir konnten es fast nicht glauben. Schon oft hatten wir abends am Feuer davon gesprochen. Und nun sollte es Wirklichkeit sein.

Dieser Mann, von dem ein so warmes Licht ausging, machte eine Pause. Er sah, wie uns seine Worte beschäftigten.

Dann fuhr er aber fort: „Und das habt zum Zeichen: Ihr werdet finden das Kind in Windeln gewickelt und in einer Krippe liegen." Weiter sprach er von einem Stall und zeigte auf den Ort, der nicht weit von unserem Lagerplatz entfernt war: Bethlehem.

Dann geschah aber noch etwas, was uns noch mehr in Erstaunen versetzte: In der Luft schwebten Wesen. Das mussten Engel sein. Dann sprachen sie:

„Ehre sei Gott in der Höhe und Friede auf Erden bei den Menschen seines Wohlgefallens."

Wir standen wie versteinert da und schauten mit offenen Mündern zum Himmel. So etwas hatten wir noch nicht gesehen und gehört. Es war ein Klang, wie ihn wohl nur Engel erzeugen können.

Langsam bewegten sich diese Wesen von uns fort und verschwanden im Himmel. Auch der Mann, der zuerst gekommen war, war nicht mehr da.

Es dauerte eine ganze Zeit, bis wir uns wieder bewegen und einen klaren Gedanken fassen konnten. Dann wurde uns aber bewusst, was geschehen war. Unser Heiland und Erlöser war endlich geboren und uns einfache Hirten hatten die Engel das mitgeteilt. Klar, da würden wir hingehen.

Nur zwei von uns blieben bei der Herde, wir anderen machten uns auf den Weg nach Bethlehem. Es war wirklich nicht weit. Aber zunächst mussten wir einen Stall finden, in dem sich Menschen aufhielten.

Wir liefen durch die Straßen. Da waren viele Menschen unterwegs, vermutlich wegen der Volkszählung, die Kaiser Augustus angeordnet hatte.

Schließlich hatten wir diesen Stall gefunden. Es war ein kleiner Raum, in dessen Mitte eine Krippe stand, aus der die Tiere normalerweise ihr Heu zu fressen bekamen.

In der Krippe lag ein kleiner Mensch, ganz unscheinbar, in Windeln gewickelt, ganz so, wie es uns der Engel gesagt hatte. Und links und rechts davon standen eine Frau und ein Mann, die Eltern des Kleinen.

Man konnte der Frau noch die Anstrengung ansehen. Schließlich hatte sie vor Kurzem erst ein Kind zur Welt gebracht. Aber sie lächelte trotz allem glücklich.

Wir traten in den kleinen Raum hinein und beugten uns über den Säugling. Er war nicht im Geringsten erschrocken, als er uns sah, im Gegenteil: er lächelte uns an.

„Wir sind Hirten. Unsere Herden sind nicht weit von hier auf einer Wiese", begann ich unser Erscheinen zu erklären. Dann berichtete ich von dem Engel, der uns die Geburt des Heilands verkündet hatte.

Als ich von der gewaltigen Engelschar sprach, überschlug sich meine Stimme. Das, was wir da erlebt hatten, war einfach überwältigend gewesen.

Auch auf den Gesichtern der Eltern, die sich als Maria und Josef vorgestellt hatten, zeigte sich ein Lächeln. Sie erzählten uns, dass ein Engel ihr die Geburt dieses Kindes als Sohn Gottes angekündigt hatte. Unser Erleben war für sie eine rechte Bestätigung dafür. Gott hatte uns seinen Sohn gegeben.

Wir machten uns auf den Weg zurück, noch immer erfüllt von dem Erleben auf dem Feld und der Bestätigung hier im Stall.

Unterwegs konnten wir gar nicht anders, als auch allen Leuten davon zu berichten. Einige schauten uns verwundert an, vielleicht dachten sie, wir wären betrunken.

Aber viele andere freuten sich mit uns. Ihnen war die Verheißung des Sohnes Gottes gut im Gedächtnis geblieben. Nun hatte sie sich erfüllt.

In dieser Nacht war an Schlaf nicht mehr zu denken, wir mussten immer wieder daran denken, was wir erlebt und gesehen hatten. Und wir dankten Gott dafür, dass er uns diese frohe Botschaft gleich mitgeteilt hatte.

Hadid

Neulich geschah etwas Merkwürdiges im Tempel, obwohl es ein ganz normaler Tag war.

Zunächst möchte ich mich vorstellen. Ich heiße Hadid und gehöre zu den Tempelwachen. Wir müssen aufpassen, dass niemand etwas Verbotenes tut und sich aber so verhält, wie es sich an diesem Ort gehört.

Jeden Tag kommen Eltern mit ihren Kindern in den Tempel, um sie segnen zu lassen. Wenn es sich um das erste Kind handelt, und dieses Kind ein Junge ist, wird es besonders Gott geweiht. Außerdem opfern sie zwei Tauben. So steht es im Gesetz von Mose.

Ein Mann fiel mir besonders auf, weil er fast jeden Tag in den Tempel kam. Ich unterhielt mich auch öfter mit ihm. Sein Name war Simeon. Er war aber meist ganz still und verweilte einige Zeit im Tempel, bevor er dann wieder ging.

An dem Tag, von dem ich berichten möchte, war er auch da. Mit wachen Augen beobachtete er die Menschen, die den Raum betraten. Plötzlich sprang er auf und ging auf ein Ehepaar zu, das ein Kind auf dem Arm hatte. Er nahm das Kind selbst auf den Arm und sagte mit deutlich vernehmbarer Stimme: „Herr, nun lässt du deinen Diener in Frieden fahren, wie du gesagt hast; denn meine Augen haben deinen Heiland gesehen."

Alle Umstehenden waren erstaunt, als sie das hörten. An dem Kind war nichts Besonderes zu erkennen. Dieser Simeon bezeichnete den Knaben als Heiland. Woher wusste er das?

Er sagte noch mehr zur Mutter des Kindes, das ich nicht genau verstanden habe.

Eine alte Frau, die jeden Tag im Tempel war, begann den Menschen zu erläutern, was es mit diesem Kind auf sich habe. Hanna, so war ihr Name, sprach von dem verheißenen Erlöser, der kommen sollte, um Israel zu erlösen.

Auch Simeon mischte sich ein und erklärte, dass ihm der Geist Gottes offenbart habe, dass er nicht sterben würde, bevor er den Heiland gesehen habe. Und an diesem Tag war ihm klar, dass das Kind, das auf den Armen seiner Mutter in den Tempel gebracht wurde, der Heiland sei.

Als sich die Menschen, die dieses Geschehen mitbekommen hatten, wieder verteilt hatten, sprach ich Simeon an und fragte, was er der Mutter des Kindes dann noch gesagt habe.

Was er dann antwortete, hat mich doch sehr erstaunt. Dieser Junge würde viele in Israel enttäuschen, anderen aber wieder Heil bringen. Das würde nicht einfach werden für Maria, aber so sei nun einmal der Plan Gottes.

Ich werde den Weg dieses Kindes, das den Namen Jesus hatte, durchaus verfolgen. Vielleicht wird mir dann ganz klar, was dieser Simeon mit seinen Worten gemeint hat.

Gaius

Es ist Hochzeit in unserem Dorf Kana, ich freue mich schon wie verrückt darauf. Das wird eine großartige Feier werden, denn die Tochter von unserem Dorfältesten heiratet. Ich darf dabei sein und habe die Aufgabe, die Leute dem Brautvater vorzustellen, die er noch nicht kennt. Viele werden das aber nicht sein.

Übrigens, ich heiße Gaius und wohne schon lange in Kana. Hin und wieder helfe ich bei der Verwaltung aus. Deshalb hat mich Julius, unser Dorfältester, auch mit dieser wichtigen Aufgabe betraut.

Zum Glück kennt Julius die meisten Gäste, aber einige muss ich ihm doch noch vorstellen. Da ist ein gewisser Jesus gekommen, zusammen mit seiner Mutter Maria und einigen seiner Anhänger. Er macht einen unscheinbaren Eindruck. Von ihm sollten keine Störungen des Festes ausgehen.

Es ist fantastisch, was an Essen und Trinken geboten wird. Ich habe kräftig zugelangt. Nun bin ich satt bis obenhin. Gerade, als ich mein Weinglas leeren will, bemerke ich eine Unruhe am Ende der Tafel. Natürlich stehe ich gleich auf und gehe dorthin.

Ein Gast beschwert sich, dass er keinen Wein mehr hat und man ihm auch keinen einschenken will. Die Knechte, die die Gäste bedienen, raunen sich zu: „Wir haben keinen Wein mehr!" Das ist eine Katastrophe.

Dann höre ich, wie Maria zu ihrem Sohn sagt: „Der Wein ist alle." Ich drehe mich zu den beiden um. Jesus schaut seine Mutter an und entgegnet: „Was geht's dich an, Frau, was ich tue? Meine Stunde ist noch nicht gekommen." Ich verstehe nicht, was er damit meint, zumal er die Worte auch sehr schroff ausgesprochen hat.

Umso mehr erstaunt mich Maria. Sie zieht sich nicht beleidigt zurück, sondern geht zu den Knechten an der Tür und flüstert ihnen zu: „Was er euch sagt, das tut." Dabei flüstert sie so laut, dass ich jedes Wort verstehen kann.

Zum Glück hat unser Dorfälteste noch nichts von diesem Vorfall mitbekommen. Wahrscheinlich hätte er gesagt, dass er diese Schande nicht überleben würde.

Dann wird Jesus doch aktiv. Er geht zu den Männern am Eingang hin und weist auf die sechs steinernen Wasserkrüge. Sie sind leer und enthielten das Wasser, mit denen man den ankommenden Gästen die Füße gewaschen hatte. So ist das bei uns Sitte.

Ich gehe näher an das Geschehen heran, um ja nichts von dem zu versäumen, was jetzt geschehen wird. Jesus gibt eine Anweisung: „Füllt diese Krüge mit Wasser, und zwar randvoll." Das dauert natürlich eine gewisse Zeit, denn jeder dieser Krüge fasst etwa 100 Liter. Ich bin gespannt, wie es nun weitergeht.

Als alle Krüge gefüllt sind, sagt Jesus: „Schöpft nun und bringt es dem Speisemeister!" Während einer der Knechte den Speisemeister holt, füllt ein anderer einen Becher aus einem der Krüge.

Der Speisemeister ist inzwischen eingetroffen. Er weiß ja nicht, was inzwischen geschehen ist, und schaut verwundert und skeptisch in die Flüssigkeit, die man ihm gereicht hat. Dann probiert er ganz vorsichtig. Neugierig beobachten alle von uns seine Gesichtszüge. Wir wissen ja, dass er jetzt einen Schluck Wasser probieren wird.

Sein Gesicht erhellt sich: „Köstlich, köstlich!" Immerzu wiederholt er diese Worte. Wir sind erstaunt. Dann wendet er sich an den Bräutigam: „Jedermann gibt zuerst den guten Wein und, wenn sie betrunken werden, den geringeren; du aber hast den guten Wein bis jetzt zurückbehalten."

Ich kann das nicht glauben. Ich habe es doch gesehen, die Männer haben wirklich Wasser in die Krüge gefüllt und nicht Wein aus einem versteckten Fass genommen. Und nun soll das ein köstlich schmeckender Wein sein. Das muss ich selbst probieren. Tatsächlich, es ist kein Wasser mehr, sondern wohlschmeckender Wein. Ich bin erstaunt und verwundert.

Jesus hat inzwischen wieder bei den Gästen Platz genommen. Dieser Mann ist ein Phänomen. Ich glaube, ich werde ihn beobachten und sehen, was noch alles in seinem Umfeld geschieht.

Roman

Ich muss viel durch das Land reisen und sorge dafür, dass Waren vom Süden nach Norden und umgekehrt transportiert werden. Nun hat es ich ergeben, dass ich am Sabbat gerade in Jerusalem bin.

Mein Name ist Roman. Als strenggläubiger Jude ist es für mich klar, dass ich an diesem Tag nicht arbeiten werde. Außerdem habe ich die Hoffnung, dass ich diesen Jesus im Tempel treffen kann, von dem ich unterwegs schon sehr viel gehört habe.

Es wundert mich nicht, so viele Männer auf den Weg zum Tempel zu treffen. Das bestärkt nur meine Hoffnung, dass Jesus wirklich im Tempel lehrt. Und tatsächlich, in einer der Hallen steht er. Ich versuche, mich durch die Schar der Männer nach vorne zu schieben. Ich habe einen Platz gefunden, an dem ich alles genau verfolgen kann.

Plötzlich sehe ich eine Bewegung bei den Zuhörern. Eine niedergebeugte Frau nähert sich uns. Jesus unterbricht seine Predigt und ruft sie zu sich. Dann sagt er zu ihr: „Frau, sei frei von deiner Krankheit!" Dann legt er ihr die Hände auf und die Frau kann sich aufrichten.

Sie jubelt und lobt Gott, der ihr geholfen hatte. Auf meinen fragenden Blick hin erklärt mir der Mann, der neben mir steht, dass diese Frau achtzehn Jahre so gebeugt war, weil sie ein böser Geist niedergedrückt hat.

Bevor ich das, was ich gerade gesehen und erlebt habe, recht begreife, höre ich eine laute Stimme. Der Mann, dem diese Stimme gehört, muss, nach seiner Kleidung zu schließen, der Synagogenvorsteher sein: „Es sind sechs Tage, an denen man arbeiten soll; an denen kommt und lasst euch heilen, aber nicht am Sabbattag." Es klingt tadelnd und unwillig.

Natürlich bin ich gespannt, wie es weitergeht und was Jesus nun sagen wird. „Ihr Heuchler! Bindet nicht jeder von euch am Sabbat seinen Ochsen oder seinen Esel von der Krippe los und führt ihn zur Tränke? Sollte dann nicht diese, die doch Abrahams Tochter ist, die der Satan schon achtzehn Jahre gebunden hatte, am Sabbat von dieser Fessel gelöst werden?"

Ich muss sagen, das war ein kluger Schachzug. Der verfehlte seine Wirkung nicht. Ich hatte die umstehenden Männer beobachtet, während der Synagogenvorsteher sprach. Alle nickten eifrig, denn am Sabbat wird nicht gearbeitet. Nun aber sieht es ganz anders aus. Es scheint, als würden sie sich für ihre Gedanken schämen.

Ich bin froh, dass ich die Idee hatte, in den Tempel zu gehen. So habe ich nicht nur Jesus gesehen und gehört, sondern auch noch ein Wunder miterlebt.

Petrus

Ich begleite den Mann namens Jesus schon eine ganze Weile. Er predigt anders als die Schriftgelehrten in der Synagoge. Seine Worte sind voller Liebe und Wärme.

Übrigens, ich heiße Simon, werde aber Petrus genannt. Zusammen mit meinem Bruder Andreas begleiten wir Jesus, seit er uns aufforderte ihm nachzufolgen.

Jesus hatte wieder einmal gepredigt und Kranke geheilt. Man konnte ihm ansehen, dass er sehr erschöpft war. So bat er uns, ihn mit unseren Schiffen ans andere Ufer des Sees Genezareth zu bringen.

Kaum hatten wir das Ufer verlassen, war er auf einem Kissen im Heck des Bootes eingeschlafen. Wir gönnten ihm die Ruhe, schließlich braucht jeder einmal eine Pause.

Zunächst verlief die Fahrt ganz ruhig. Ich freute mich für Jesus, dass er die Zeit der Überfahrt zur Erholung nutzen konnte. Dann aber kamen die berüchtigten Fallwinde. Ein Sturm zog über den See. Die Wellen schlugen hoch und Wasser spritzte in unser Boot. Natürlich schöpften wir es, so schnell es ging, wieder heraus.

Ich ging nach hinten und sah nach Jesus. Er schlief, als gäbe es keinen Sturm und keine Wellen, die das Boot kräftig durchschüttelten.

Die Lage wurde immer bedrohlicher. Wir konnten nicht mehr sehen, wohin das Boot fuhr. Wir waren nass bis auf die Haut und hatten Angst um unser Leben.

Ich fasste mir ein Herz und weckte Jesus. ‚Herr, hilf uns! Wir kommen sonst alle um!' Wortlos stand er auf, hob seine Hände zu einer drohenden Geste. Ob er auch etwas dabei sagte, konnte ich nicht verstehen. Dazu war das Getöse des Sturms viel zu laut.

Plötzlich schlief der Wind ein, das Wasser beruhigte sich und das Boot hörte auf zu schaukeln. Wir schauten uns alle an, weil es plötzlich ganz still um uns herum geworden war. Aber die Angst steckte uns noch in den Gliedern. Wir kannten die Stürme auf dem See, aber so ein heftiges Unwetter hatten wir bisher noch nicht erlebt.

In diese Stille hinein sprach Jesus: „Warum seid ihr so furchtsam? Habt ihr denn keinen Glauben?" Niemand von uns antwortete.

Zwar hatten wir schon einige Wunder gesehen, die Jesus vollbracht hatte. Er konnte nicht nur Kranke gesund machen, sogar Sturm und Wellen gehorchten ihm. Das war uns schon etwas unheimlich.

Ohne weitere Probleme erreichten wir das andere Ufer. Ich war in Gedanken bei dem, was wir gerade erlebt hatten. Ich hatte Angst um mein Leben gehabt. Aber ich werde es nie vergessen, wie Jesus uns durch ein Wunder vor dem Seemannstod rettete.

Andreas

Also, ich bin jedes Mal wieder begeistert, wenn Jesus zu den Menschen spricht. Was er sagt, geht einem so richtig zu Herzen. Dieses Mal mussten es so etwa 5000 Mann sein, die ihm zugehört hatten. Dabei wurden Frauen und Kinder nicht mitgezählt.

Aber ich möchte mich kurz vorstellen. Mein Name ist Andreas. Mein Bruder heißt Simon, wird aber Petrus genannt. Außer uns begleiten noch zehn andere Männer Jesus bei seinen Wegen durch das Land.

Bevor Jesus also die vielen Menschen nach Hause schickte, vollbrachte er noch ein Wunder: Alle wurden satt mit nur zwei Fischen und fünf Broten.

Dann bat er uns, mit dem Boot schon voraus über den See zu fahren. Er wollte die Zeit der Ruhe und der Einsamkeit zum Gebet nutzen. Das tat er oft. Ich konnte ganz gut verstehen, dass er immer mal wieder alleine sein wollte.

Also stiegen wir ins Boot und schlugen den Kurs zum gegenüberliegenden Ufer ein. In der Regel dauert eine Fahrt einige Stunden.

Es war schon weit nach Mitternacht, als das Wasser große Wellen schlug und es kaum möglich war, die genaue Richtung beizubehalten.

Plötzlich erschien eine Gestalt vor uns. Johannes hatte sie zuerst entdeckt und machte uns darauf aufmerksam. „Ist das ein Gespenst?", fragten sich einige von uns. Auf jeden Fall waren wir erschrocken und hatten Angst. Aber dann begann diese Erscheinung zu reden: „Fürchtet euch nicht!" Da wurde uns allen klar, dass Jesus über dem Wasser auf zu uns kam.

Plötzlich stand mein Bruder Simon auf und sagte: „Wenn du es willst, dann komme ich zu dir über das Wasser."

Jesus antwortete: „Komm!"

Nicht nur mir stockte der Atem, als wir sahen, dass Petrus das wirklich machte. Er setzte sich auf die Bordwand und schwenkte seine Beine über den Rand. Seine Füße berührten das Wasser.

Ich war wie gelähmt vor Schreck und konnte mich nicht bewegen. Eigentlich hätte ich aufspringen und ihn festhalten müssen, damit er nicht ertrinkt. Auch meine Stimme versagte, sodass ich ihn nicht einmal zurückrufen konnte.

Dann geschah das Unfassbare. Simon bewegte sich direkt auf dem Wasser auf Jesus zu, als wären unter der Wasseroberfläche Steine, über die er ging. Vor lauter Staunen blieb mein Mund offen stehen.

Aber dann fuhr uns doch der Schreck in die Glieder. Der Wind frischte auf und die Wellen wurden höher. Mein Bruder blieb stehen und sah sich ängstlich um. Und im gleichen Moment begann er zu versinken. „Herr, hilf mir, ich ertrinke!", rief er voller Panik.

In diesem Moment streckte Jesus ihm die Hand entgegen und griff zu. Zusammen traten die beiden ins Boot. Augenblicklich legte sich der Wind und die Wellen wurden ganz klein.

Liebevoll aber deutlich sagte Jesus: „Du Kleingläubiger, warum hast du gezweifelt?" Simon wusste darauf keine Antwort. Ein wenig war noch die Angst in seinem Gesicht abzulesen.

Ich war inzwischen aus meiner Starre erwacht, ging auf meinen Bruder zu und schloss ihn in die Arme. Ich war heilfroh, dass ihm nichts passiert war.

Sakis

Ich habe einen sehr angesehenen Herrn, dem ich diene. Die Arbeit für ihn macht mir sehr viel Freude, zumal sich mein Herr nicht nur mir gegenüber, sondern eigentlich gegenüber allen Menschen sehr anständig verhält.

Mein Name ist Sakis und ich bin seit vielen Jahren sein Diener. In dieser Zeit habe ich mich zum Obersten der Diener heraufgearbeitet.

Eines Abends verließ mein Herr das Haus. Gewöhnlich wusste ich, wohin er ging. Dieses Mal machte er daraus aber ein Geheimnis. Ich hatte Angst um ihn, und deshalb folgte ich ihm heimlich. Sollte er in eine gefährliche Situation geraten, könnte ich ihm helfen.

Er ging aber zu einem gewissen Jesus, von dem ich schon gehört hatte. Der predigte vom Reich Gottes und machte Kranke wieder gesund. Aber mein Herr war nicht krank. Was wollte er also von ihm?

Ich lief also hinter ihm her und mischte mich unter die Leute, sodass mein Herr mich nicht sehen konnte. Aber ich konnte gut hörte, was die beiden miteinander besprachen. Mein Herr fragte: „Guter Meister, was soll ich tun, damit ich das ewige Leben ererbe?"

Anstelle einer Antwort sagte Jesus: „Was nennst du mich gut? Niemand ist gut als der eine Gott." Damit hatte er aber die Frage nicht beantwortet.

Nach einer Pause sprach er dann weiter: „Du kennst die Gebote: ‚Du sollst nicht töten; du sollst nicht ehebrechen; du sollst nicht stehlen; du sollst nicht falsch Zeugnis reden; du sollst niemanden berauben; ehre Vater und Mutter.'"

Mein Herr antwortete: „Meister, das habe ich alles gehalten von meiner Jugend auf." Das konnte ich bestätigen. Er hatte niemanden betrogen, keinen beraubt und auch seine Eltern geehrt. Einen besseren Herrn hätte ich mir gar nicht wünschen können.

Aber Jesus gab ihm dann noch einen Hinweis: „Eines fehlt dir. Gehe hin, verkaufe alles, was du hast, und gib's den Armen, so wirst du einen Schatz im Himmel haben, und komm, folge mir nach!" In der Art, wie Jesus zu meinem Herrn sprach und ihn ansah, erkannte ich, dass er ihn wertschätzte.

Zwar konnte ich nicht sehen, welches Gesicht mein Herr machte, aber seine Reaktion zeigte deutlich, dass er mit dieser Antwort nicht glücklich war. Er drehte sich um und ging bekümmert weg. Ich weiß nicht genau, wie reich mein Herr ist, aber er ist bestimmt sehr vermögend.

Ich war unschlüssig. Eigentlich sollte ich meinem Herrn sofort folgen. Ich blieb aber stehen, weil Jesus noch weiter sprach: „Ein Reicher hat es schwer, ins Reich Gottes zu kommen. Es ist leichter, dass ein ... durch ein Nadelöhr gehe, als dass ein Reicher ins Reich Gottes komme."

Ein Wort hatte ich nicht genau verstanden. Meinte er, dass ein ‚Kamel' durch das schmale Tor in der Mauer gehen würde, durch die gerade ein Mensch in gebückter Haltung kommen konnte. Oder meinte er ein ‚Schiffstau', das durch das Öhr einer Nadel passen sollte.

Aber was er auch immer gesagt hatte, er fügte noch hinzu: „Bei den Menschen ist's unmöglich, aber nicht bei Gott; denn alle Dinge sind möglich bei Gott."

Nachdenklich wandte ich mich ab und machte mich auf den Heimweg. Wenn mein Herr tatsächlich all sein Gut und Habe verkaufen würde, was würde dann aus mir werden? Ich war leicht durcheinander.

Ich denke, ich werde diesen Jesus demnächst einmal fragen, wie er das gemeint hatte.

Jakobus

Einerseits ist es ganz schön anstrengend, mit Jesus durch die Landschaft zu wandern. Andererseits ist es aber auch ganz interessant zu erleben, wenn er predigt und Kranke gesund macht. Vor wenigen Tagen habe ich sogar miterlebt, wie er einen Toten wieder auferweckt hat.

Übrigens, mein Name ist Jakobus. Zusammen mit meinem Bruder Johannes begleiten wir Jesus, seit er uns gerufen hat.

Vor ein paar Tagen waren wir wieder unterwegs. Vor uns lag die Stadt Nain. Das parkähnliche Anwesen, an dem wir gerade vorbeikamen, war der Friedhof, der immer vor den Toren einer Stadt angelegt wurde.

Nain ist ein größerer Ort, der von einer Stadtmauer umgeben ist. Durch das Tor in dieser Mauer kamen viele Menschen. Ich wunderte mich, was diese Leute vorhatten.

Als wir dann näher kamen, erkannten wir, dass es sich um einen Trauerzug handelte. Vorne trugen mehrere Männer einen jungen Mann auf einer Bahre. Dahinter ging eine weinende Frau. Dem Alter nach zu urteilen konnte es durchaus seine Mutter sein.

Üblich wäre es gewesen, wenn wir uns diesem Trauerzug angeschlossen und ihn ein Stückchen begleitet hätten. Dadurch würden wir dann unser Mitgefühl ausdrücken.

Jesus stellte sich aber den Leuten in den Weg, sodass alle stehen bleiben mussten. Zunächst verstand ich nicht, was das sollte. Dann war mir aber klar, dass Jesus wieder ein Wunder tun wollte.

Er ging zu dem jungen Mann, der auf der Bahre lag, und berührte ihn. Das war etwas, was ein Jude normalerweise nie tun würde. Wenn man einen toten Menschen anfasst, wird man unrein werden und muss anschließend die Reinigungsprozedur durchlaufen.

Jesus sagte zu dem jungen Mann: „Steh auf!" Und er schlug die Augen auf und schaute ganz erstaunt in die Runde. Dann begann er zu reden, aber was er sagte, das habe ich nicht verstanden.

Jesus nahm ihn an die Hand, half ihm von der Bahre herunter und ging mit ihm zu der trauernden Frau: „Hier ist dein Sohn wieder." Die Frau, also seine Mutter, konnte kaum glauben, was sich vor ihren Augen abspielte.

„Du bist schon eine ganze Zeit Witwe", fuhr Jesus fort, „nun hast du deinen einzigen Sohn zurück. Du brauchst keine Angst mehr vor der Zukunft zu haben." Ich konnte genau sehen, wie die Trauer aus dem Gesicht der Frau verschwand und sogar ein zaghaftes Lächeln erschien. Ihre Zukunft wäre ungewiss gewesen, denn ohne Mann und Kinder hätte sie betteln gehen müssen, um leben zu können.

Die Leute, die den Trauerzug begleitet hatten, waren zunächst verärgert, weil jemand sie aufgehalten hatte. Als sie aber sahen, dass der Tote gar nicht tot war, sondern lebte, begannen sie zu jubeln. Ich glaube nicht, dass einer von ihnen traurig war, dass die Beerdigung ausfiel.

Rasmus

Es ist schon eine besondere Ehre, bei einem unserer Pharisäer eingeladen zu sein. Dieses Mal bat mich Simon, zu ihm zu kommen. Dabei erwähnte er fast beiläufig, dass ein gewisser Jesus auch da sein würde. Ich hatte von Jesus gehört. Dass er zu einem solchen Treffen eingeladen worden war, machte deutlich, dass man ihn und seine Lehre ernst nahm.

Ich heiße Rasmus und gehöre zu den Tempeldienern, die den Gläubigen zur Seite stehen und ihnen helfen, wenn sie Schwierigkeiten mit den gültigen Regeln haben.

Der Raum war gut gefüllt. In der Mitte stand der niedrige Tisch mit allerlei leckeren Speisen. Wir hatten uns auf die Polster gelegt und mit dem linken Arm abgestützt. Die rechte Hand war frei, um die Speisen zu greifen und in den Mund zu stecken.

Allerdings war nicht das Essen der Hauptgrund, weshalb wir zusammen kamen. Vielmehr ging es um einen Gedankenaustausch über alle möglichen Themen. Entweder unterhielt man sich mit seinem Gegenüber oder, wenn man sich zur Seite drehte, mit seinem Nebenmann.

Ich hatte das Glück, ziemlich genau gegenüber von Jesus zu liegen. So konnte ich gut verstehen, worüber Jesus sprach. Er war gerade angesprochen worden, was er von den mosaischen Gesetzen hielt. Er bestätigte ihre Gültigkeit. Dann ergänzte er aber seine Antwort mit dem Satz, dass bei allen Regeln die Liebe eine wichtige Rolle spiele.

Bevor er noch weiter reden konnte, geschah etwas Merkwürdiges. Es war üblich, dass die Türen offen standen und interessierte Männer eintreten und mitreden konnten. Nun war aber eine Frau hereingekommen und hatte sich neben die Füße von Jesus hingekniet. Wir alle kannten diese Frau. Sie führte einen unmoralischen Lebenswandel.

Wenige Augenblicke später verstummten unsere Gespräche. Wir waren alle gespannt, wie es weitergehen würde.

Die Frau begann zu weinen. Ihre Tränen fielen auf Jesu Füße. Ich konnte das von meiner Position aus ganz genau verfolgen. Dann öffnete sie ihr langes Haar, das sie bisher zu einem Knoten zusammengebunden hatte. Uns stockte der Atem. Frauen durften in der Öffentlichkeit ihre Haare nicht offen tragen.

Mit ihren Haaren trocknete sie nun die Tränen, die auf die Füße von Jesus getropft waren. Diese Handlung machte Jesus unrein, das war uns allen klar. Trotzdem wagte keiner von uns, ein Wort zu sagen. Wir erwarteten von Jesus, dass er nun aufstehen und gehen würde, denn nach den jüdischen Gesetzen würden wir sonst alle unrein werden. Aber Jesus stand nicht auf.

Auch die Frau verließ den Raum nicht. Im Gegenteil, sie küsste unaufhörlich seine Füße. Dann holte sie eine kleine Karaffe mit Öl aus ihrem Gewand und rieb Jesu Füße damit ein. Der Duft dieses Öls zog durch den ganzen Raum. Es war ein angenehmer Geruch, also musste es ein sehr kostbares Öl sein. Gewöhnlich wurde damit der Kopf eines hochgestellten Menschen eingerieben, also eines Propheten oder eines Königs.

Nun schien es aber auch Simon, dem Pharisäer, zuviel zu werden. Er wandte sich direkt an Jesus: „Meister, diese Frau ist eine große Sünderin. Weißt du das nicht?" Und ganz leise murmelte er: ‚Der kann kein Prophet sein.'

Simon schien enttäuscht zu sein, dass Jesus nicht entsprechend auf die Aktivitäten dieser Frau reagierte. Aber seine Anrede,

„Meister", zeigte, dass er ihn für einen kompetenten Gesprächspartner hielt.

Jesus wandte sich nun Simon zu. Auf seinem Gesicht war ein liebevolles Lächeln. Dann sagte er: „Stell dir vor, dass zwei Männer Schulden hatten, der eine 50 Silbergroschen und der andere sogar 500 Silbergroschen. Beide hätte die Schulden nicht zurückzahlen können, denn ein Silbergroschen ist der Lohn für einen Tag Arbeit. Aber der Gläubiger erließ beiden diesen Geldbetrag. Nun frage ich dich: Wer von diesen beiden Männern wird ihn wohl mehr lieben?"

Ohne zu zögern, antwortete Simon: „Natürlich der, dem der Gläubiger am meisten geschenkt hat." Wir nickten alle. Jesus bestätigte die Antwort: „Du hast recht geurteilt."

Aber Jesus war mit seinen Ausführungen noch nicht fertig. Zu Simon gewandt sagte er: „Du hast mir weder Wasser zum Waschen meiner Füße angeboten noch mich geküsst." Innerlich schüttelte ich den Kopf. Das konnte Jesus nicht erwarten, denn eine solche Handlung wäre eine außergewöhnliche Ehrung gewesen.

Dann sah er wieder die Frau an: „Dir sind deine Sünden vergeben." Und an uns alle gerichtet fuhr er fort: „Wem viele Sünden vergeben sind, der zeigt auch viel Liebe. Umgekehrt gilt es auch. Wem wenig vergeben wurde, der zeigt auch keine große Liebe."

Während Jesus noch sprach, begann ein großes Gemurmel. Ich hörte einige sagen: „Wer ist der, der Sünden vergibt?" und „Aus welcher Vollmacht heraus tut er das?"

Als die Frau aufstand, sagte Jesus noch zu ihr: „Dein Glaube hat dir geholfen. Gehe hin in Frieden." Dann verschwand sie so leise, wie sie gekommen war.

Jetzt dachte keiner mehr ans Essen. Gesprächsthemen waren der Zwischenfall von eben und die Worte Jesu. Einige diskutierten das Beispiel, das Jesus gesagt hatte. Aber viele konnten nicht begreifen, wie ein Mensch Sünden vergeben konnte.

Das interessierte mich auch. Wenn sich wieder einmal die Gelegenheit ergeben sollte, werde ich Jesus danach fragen.

Marta

Meine Schwester und ich haben ein unvorstellbares Wunder erlebt. Jesus hat einen Toten wieder lebendig gemacht, unseren Bruder Lazarus.

Mein Name ist Marta, und ich lebe mit meiner Schwester Maria zusammen in Bethanien. Auch unser Bruder lebt in diesem Dorf.

Als Jesus einmal durch unseren Ort kam, fasste ich mir ein Herz und lud ihn ein, zu uns zu kommen. Ich hatte ja nicht geglaubt, dass er dieser Einladung folgen würde, aber er tat es. Es kümmerte ihn offensichtlich nicht, dass er sich von einer Frau einladen ließ. Viele in der Umgebung hätten das für anstößig empfunden.

Meine Schwester und ich genossen seinen Besuch. Allerdings gab es für mich einen Wermutstropfen: Während ich, wie es bei uns üblich ist, unseren Gast bewirtete, setzte sich Maria zu ihm und hörte zu, was er sagte. Irgendwie fand ich das nicht in Ordnung. Deshalb unterbrach ich ihr Gespräch: „Herr, fragst du nicht danach, dass mich meine Schwester lässt alleine dienen? Sage ihr doch, dass sie mir helfen soll!"

Jesus hatte meine Mühe wohl bemerkt: „Marta, Marta, du hast viel Sorge und Mühe. Eins aber ist not. Maria hat das gute Teil erwählt; das soll nicht von ihr genommen werden."

Ich verstand diese Worte zunächst nicht. Erst später habe ich begriffen, was er damit meinte: Irdische Dinge sind schon wichtig. Viel wichtiger ist es aber, sich damit zu beschäftigen, was in der Ewigkeit von Bedeutung ist. –

Einige Zeit später wurde Lazarus sehr krank. Da wir wussten, dass Jesus viele Kranke geheilt hatte, schickten wir einen Boten zu Jesus. Er sollte ihn bitten zu kommen und Lazarus wieder gesund machen.

Wir warteten viele Tage. Aber Jesus kam nicht. Dann starb unser Bruder. Wir salbten ihn, wickelten ihn in Leichentücher und legten ihn in eine Grabhöhle, so wie es bei uns Sitte ist.

Als Jesus endlich kam, war Lazarus schon vier Tage tot. Ich ging ihm entgegen. Vielleicht klang es wie ein Vorwurf: „Herr, wärst du hier gewesen, mein Bruder wäre nicht gestorben.". Aber dann fügte ich noch hinzu: „Aber auch jetzt weiß ich, was du bittest von Gott, das wird dir Gott geben."

Jesus entgegnete darauf: „Dein Bruder wird auferstehen." Das war mir klar, und zwar bei der Auferstehung am Jüngsten Tag. Aber Jesus meinte es wohl anders, denn er fuhr fort: „Ich bin die Auferstehung und das Leben. Wer an mich glaubt, der wird leben, ob er gleich stürbe; und wer da lebt und glaubt an mich, der wird nimmermehr sterben."

Maria war zu Hause geblieben mit den vielen Menschen, die gekommen waren, um uns zu trösten. Als sie hörte, dass Jesus da war, kam sie uns entgegen. Die ganz Trauergesellschaft folgte ihr.

Meine Schwester begrüßte Jesus mit den gleichen Worten wie ich: „Herr, wärst du hier gewesen, mein Bruder wäre nicht gestorben." Jesus sah uns an und schaute dann auf die vielen weinenden Menschen. Dann fragte er: „Wo habt ihr ihn hingelegt?"

Wir gingen alle zu der Grabhöhle, die mit einem Stein verschlossen war. Jesus befahl, den Stein wegzunehmen. Ich wollte das verhindern, indem ich sagte: „Herr, er stinkt schon; denn er liegt schon seit vier Tagen im Grab." Aber Jesus ging nicht auf diesen Einwand ein.

Dann begann er laut zu beten: „Vater, ich danke dir, dass du mich erhört hast. Ich wusste, dass du mich allezeit hörst; aber um des Volkes willen, das umhersteht, sage ich's, damit sie glauben, dass du mich gesandt hast." Und dann rief er: „Lazarus, komm heraus!"

Wir konnten nicht fassen, was wir dann sahen. Lazarus kam tatsächlich heraus. Um seinen Körper waren noch die Leichentücher gewickelt. Schnell halfen wir ihm, diese Tücher loszuwerden.

Viele Menschen konnten es nicht fassen, dass ein Toter wieder lebendig geworden war. Aber die meisten der Trauergesellschaft glaubten fortan an Jesus, den verheißenen Erlöser.

Jaïrus

Jeder, der seine Kinder liebt, wird sehr traurig sein, wenn eines von ihnen krank wird. Wenn man aber damit rechnen muss, dass es bald stirbt, ist man verzweifelt.

Ich möchte mich kurz vorstellen. Mein Name ist Jaïrus. Ich bin der Vorsteher der Synagoge.

Wir hatten alles versucht, aber niemand konnte meiner kranken Tochter helfen. Die einzige Rettung, die mir einfiel, war Jesus. Ich hatte davon gehört, dass er Kranke wieder gesund gemacht hatte.

Ich hatte Glück. Jesus war gerade mit seiner Jüngern mit dem Boot angekommen. Wie an vielen Orten üblich, hatten sich viele Leute um ihn versammelt. Zusammen mit meinen Dienern schaffte ich es aber, bis zu ihm vorzudringen.

Ich fiel vor ihm auf die Knie: „Meine zwölfjährige Tochter liegt in den letzten Zügen; komm doch und lege deine Hände auf sie, damit sie gesund werde und lebe." Jesus willigte ein.

Die Menschenmassen folgten uns. Das war mir egal. Hauptsache, Jesus würde zu mir nach Hause kommen, und meine Tochter wieder gesund machen.

Plötzlich blieb Jesus stehen und fragte: „Wer hat meine Kleider berührt?" Seine Jünger schüttelten den Kopf und antworteten: „Du siehst, dass dich die Menge umdrängt, und fragst: Wer hat mich berührt?"

Jesus sah sich um und entdeckte eine alte Frau, die zitterte und sich zu fürchten schien. Dann kniete sie vor Jesus nieder und gab zu, dass sie seine Kleider berührt hatte. Dann erklärte sie, dass sie seit zwölf Jahren schwer an Blutfluss erkrankt war und kein Arzt ihr helfen konnte. Es war nach jedem Arztbesuch noch schlimmer geworden. Sie hatte ihr ganzes Erspartes für diese Behandlungen geopfert. Nun wollte sie nur Jesu Gewand berühren. Dann, so glaubte sie, würde sie gesund werden.

Jesus sagte dann: „Meine Tochter, dein Glaube hat dich gesund gemacht; geh hin in Frieden und sei errettet von deiner Plage!" Daraufhin stand die Frau auf. An ihrem freudigen Gesicht konnte man ablesen, dass sie schon die Heilung verspürte.

Ich hatte aber ganz andere Sorgen. Mir war diese Unterbrechung nicht recht gewesen. Bei meiner Tochter würde jede Minute zählen. Und ich hatte Recht behalten. Während Jesus sich mit der alten Frau beschäftigte, kam mein Diener zu mir und sagte: „Deine Tochter ist gestorben; was bemühst du weiter den Meister?"

Jesus hatte diese Nachricht mitbekommen. Er ließ sich davon aber nicht beeindrucken und entgegnete: „Fürchte dich nicht, glaube nur!" Dann machte er sich mit drei seiner Jünger auf, um in mein Haus zu kommen.

Vor der Tür angekommen sahen wir eine Reihe von Frauen, die weinten und Klagelieder anstimmten. Es ist bei uns vielfach so üblich, dass bei einem Todesfall im Haus die sogenannten Klageweiber den Verstorbenen betrauern.

Jesus war das gar nicht recht. Er schickte sie weg mit den Worten: „Was lärmt und weint ihr? Das Kind ist nicht gestorben, sondern es schläft." Die Reaktion der Anwesenden war entsprechend, sie lachten ihn aus.

Dann ging er mir meiner Frau und mir und seinen drei Jüngern in das Zimmer meiner Tochter. Dort lag mein Kind auf dem Bett und rührte sich nicht. Jesus ergriff ihre Hand und sagte: „Mädchen, ich sage dir, steh auf!" Und meine Tochter stand auf und ging hin und her, als sei nichts gewesen. Ich konnte es gar nicht fassen.

Meine Frau und ich umarmten das Kind und waren unfähig, auch nur ein Wort zu sagen. Auch die Menschen, die dieses Wunder miterlebt hatten, waren beeindruckt, aber auch entsetzt, dass das Mädchen, das sie für tot gehalten hatten, lebte.

Beim Hinausgehen sagte Jesus noch, dass wir über dieses Wunder schweigen sollten. Das habe ich zwar nicht verstanden, denn am liebsten hätte ich es aller Welt erzählt. Vielleicht würde ich es später einmal begreifen.

Andreas

Jede Krankheit ist schlimm, besonders, wenn sie viele Schmerzen verursacht. Aber wenn jemand Aussatz hat, muss er sich auch noch von seinen Mitmenschen fernhalten, weil diese Krankheit sehr ansteckend ist.

Mein Name ist Andreas. Zusammen mit meinem Bruder Petrus hat uns Jesus aufgefordert, ihm zu folgen. Wir haben es nicht bereut, denn die Wunder, die er tat, waren großartig. Wir sahen die vielen dankbaren Gesichter der Menschen, denen er geholfen hatte.

Wir waren auf dem Weg nach Jerusalem und mussten durch Samaria gehen. In einem Dorf sahen wir zehn Männer abseits der übrigen Bewohner stehen. Jeder von ihnen war vom Aussatz befallen. Dann riefen alle wie im Chor: „Jesus, lieber Meister, erbarme dich unser!"

Ich wunderte mich darüber, dass diese Männer Jesus kannten und ihn auch noch ansprachen. War es doch so, dass Samariter und Juden sich nicht besonders gut verstanden. Aber diese Männer mussten wohl davon gehört haben, dass Jesus Kranke heilen konnte.

Ihre Situation war auch nicht einfach. Sie konnten ja nicht einfach hingehen und sich etwas Essbares kaufen. Sie waren auf die Almosen der Leute angewiesen, die ihnen etwas zu Essen hinstellten. Erst wenn sich ihre Wohltäter wieder entfernt hatten, konnten sie zu den Speisen gehen und ihren Hunger stillen.

Ich erinnerte mich, dass Jesus schon einmal einen Aussätzigen geheilt hatte. Den hatte er berührt. Daraufhin wurde er gesund. Ich war gespannt, was Jesus hier tun würde.

Er ging jedoch nicht auf die Männer zu, sondern sagte nur: „Geht hin und zeigt euch den Priestern!" Die Priester waren von Alters her diejenigen, die feststellen durften, ob jemand wieder gesund war und somit Kontakt zu seinen Mitmenschen haben durfte.

Wir waren ein ganzes Stück weiter gegangen, da hörten wir einen der Männer laut rufen und Gott für seine Heilung danken. Als er uns erreicht hatte, fiel er vor Jesus nieder und dankte ihm für dieses Wunder.

Jesus sah sich um und fragte ihn dann: „Sind nicht die zehn rein geworden? Wo sind aber die neun? Hat sich sonst keiner gefunden, der wieder umkehrte, um Gott die Ehre zu geben, als nur dieser Fremde?"

Ich fand das auch etwas merkwürdig. Schließlich hatte Jesus sie alle geheilt. Damit konnten sie wieder ein ganz normales Leben führen. Aber ich war mir sicher, dass auch die anderen dankbar waren und allen ihren Freunden von ihrer Heilung erzählt und Gott gepriesen haben. Schließlich gehörte das mit dazu, nachdem sie sich den Priestern gezeigt hatten.

Jesus bat diesen Mann aufzustehen und fügte dann an: „Dein Glaube hat dir geholfen." Dieser Satz war mir schon mehrfach aufgefallen, wenn Jesus ein Wunder getan hatte. Immer wieder war der Glaube das Entscheidende gewesen.

Joseph

Ich wohne in einem wunderschönen Haus mit Dachgarten, direkt an der Hauptstraße. Davon merkt man aber kaum etwas, denn die Straße ist eine Allee. Überall wachsen Maulbeerbäume.

Hinter meinem Grundstück liegt das Anwesen des Oberzöllners Zachäus. Dieser Mann hat keine Freunde. Es ist allgemein bekannt, dass er und seine Zöllner die Menschen nach Strich und Faden betrügen.

Ich sollte mich zunächst einmal vorstellen: Mein Name ist Joseph. Ich habe aber nichts mit dem Joseph zu tun, dem Mann von Maria, der Mutter von Jesus. Als ich noch gearbeitet habe, war ich Fischer. Jetzt haben meine Söhne meine Boote und Netze und fischen auf dem See Genezareth.

Vor Kurzem war eine große Aufregung in der Stadt. Dieser Jesus wollte kommen. Sicher würde er predigen, vielleicht auch einige Wunder tun. Man hörte ja so einiges von diesem Mann. Mir sollte das egal sein – aber sehen wollte ich ihn schon.

Als ich aus dem Fenster schaute, standen bereits viele Menschen am Straßenrand. Na ja, ich hatte ja meinen Dachgarten, da konnte ich über alle hinwegsehen.

Kaum war ich oben angekommen, da sah ich den Zachäus aus seinem Haus kommen. Klar, auch er wollte diesen Jesus sehen. Aber das war schwierig. Zachäus war nicht besonders groß. Deshalb konnte er über die Menschen nicht hinwegsehen, die am Straßenrand standen. Und nach vorne durchlassen wollte ihn keiner. Ich muss gestehen, insgeheim hat mich das gefreut. Dann traute ich meinen Augen nicht. Dieser Zachäus kletterte auf einen der Maulbeerbäume, die neben meinem Haus wuchsen. „Na also", hörte ich ihn sagen, „hier habe ich den besten Blick auf Jesus." Dann sah er nach unten und grinste die Leute frech an.

Lange mussten wir nicht warten, dann kam dieser Jesus mit seinem Gefolge. Es waren in der Tat viele Menschen, die hinter ihm herliefen. Und direkt vor meinem Haus blieb er stehen. Mir stockte der Atem. Aber er beachtete mich gar nicht. Stattdessen schaute er nach oben in den Baum, in dem Zachäus saß.

„Zachäus, steig ganz schnell herunter. Ich will heute in deinem Haus einkehren!" Allen, die diese Worte hörten, blieb vor Staunen der Mund offen stehen. Auch ich konnte nicht glauben, was ich da hörte.

Einen Moment lang tat sich gar nichts. Auch der Oberzöllner blieb vor Schreck und Überraschung wie versteinert in der Baumkrone sitzen. Dann aber kam Bewegung in seinen Körper. Er kletterte herunter und stand mit einem letzten Sprung auf der Straße. Sein Gesicht zeigte einen ungläubigen Ausdruck. Aber Jesus lächelte ihn freundlich an.

Es waren nur wenige Schritte bis zum Haus von Zachäus. Als die Menschen sahen, dass Jesus wirklich in das Haus des Zöllners ging, fingen sie an zu murren: „Der kehrt bei einem Sünder ein!" „Was will er denn da?" „Er sollte lieber zu mir kommen!"

Ich stieg schnell herunter und lief an das hintere Ende meines Gartens. Vielleicht konnte ich ein paar Sätze aufschnappen, mit denen Jesus diesem Mann den Kopf waschen würde. Seine Betrügereien würde er bestimmt nicht gut heißen.

Ich hatte großes Glück. Zachäus führte Jesus und die Männer, die ihn begleiteten, auf die Terrasse, über die ein großes Sonnensegel gespannt war. Dort bot er ihnen, nach den Regeln der Gastfreundschaft, etwas zu trinken an, was die Diener auch sofort brachten.

Zwar konnte ich nicht alles verstehen, aber das, was ich hörte, versetzte mich doch in großes Erstaunen: „Heute ist meinem Haus Heil widerfahren." Das waren wohl die Worte Jesu, die Zachäus jetzt wiederholte. Trotzdem wirkte er noch sehr unsicher.

Dann musste er Jesus wohl gefragt haben, warum er gerade bei ihm eingekehrt war. Jesus Antwort konnte ich dann wieder deutlich verstehen: „Der Menschensohn ist gekommen, zu suchen und selig zu machen, was verloren ist." Klar, mit seinem Sündenregister war der Zöllner bestimmt kein Mensch, über den sich Gott freuen konnte.

Das Gespräch wurde wieder leiser, sodass ich nichts mehr verstand. Dann aber verkündete Zachäus: „Siehe, Herr, die Hälfte von meinem Besitz gebe ich den Armen, und wenn ich jemanden betrogen habe, so gebe ich es vierfach zurück!"

Ich dachte, ich hätte mich verhört. Dieser Obergauner wollte ehrlich werden. Das hätte ich nie geglaubt. Vermutlich hatte Jesus Druck auf Zachäus ausgeübt und ihm schlimme Strafen angedroht. Aber richtig eingeschüchtert sah er nicht aus.

Noch eine ganze Zeit unterhielt sich Zachäus mit seinem Gast. Da ich nur noch Wortfetzen verstand, ging ich wieder zurück in mein Haus und trat dann auf die Straße. Dort standen die Menschen in Gruppen zusammen. Immer noch diskutierten sie über Jesus, den Zöllner und warum er gerade bei ihm eingekehrt war.

Dann kam ein junger Mann um die Ecke gelaufen und verkündigte die Neuigkeit, die ich auch gerade gehört hatte: „Zachä-

us will seinen Besitz den Armen geben und keinen mehr betrügen." Na ja, so ähnlich hatte er es wirklich gesagt. Mir war nur
unklar, woher dieser Jüngling das wusste.

Die Menschen um mich herum waren ziemlich überrascht.
Dann liefen sie in alle Richtungen auseinander und erzählten
überall, was sie gerade erlebt hatten.

Also, an diesem Jesus muss doch etwas Besonderes sein, dass
er in so kurzer Zeit aus dem größten Schurken einen Wohltäter
gemacht hatte. Ich werde in Zukunft verfolgen, was dieser Jesus noch sagt und tut.

Harod

Ich war vor Kurzem wieder einmal im Tempel, um Jesus zu hören. Jesus war schon da, einige Menschen standen um ihn herum, darunter waren auch einige Pharisäer, die ich an ihrer Kleidung erkannte.

Mein Name ist Harod. Ich lebe seit meiner Geburt in Jerusalem und kenne sowohl Johannes, der die Menschen getauft hat als auch Jesus, der ganz leicht verständlich erklärt, was von den Propheten, wie zum Beispiel Jesaja, gesagt und geschrieben worden ist.

Plötzlich entstand eine Unruhe unter den Anwesenden. Einige Männer drängten sich durch die Zuhörer. Es waren Pharisäer und Schriftgelehrte, die eine Frau mit sich zerrten. Sie hielten sie an ihren Armen fest und schoben sie so in die Mitte, dass sie vor Jesus stand.

Einer der Pharisäer sprach: „Meister, diese Frau ist auf frischer Tat beim Ehebruch ergriffen worden. Mose aber hat uns im Gesetz geboten, solche Frauen zu steinigen. Was sagst du?" Er hatte sehr laut gesprochen. Obwohl ich etwas abseits stand, konnte ich jedes Wort verstehen.

Ich war gespannt, wie Jesus reagieren würde. Es war ja nicht das erste Mal, dass die hohe Geistlichkeit Jesus mit Fangfragen in die Enge treiben wollte. Ich hatte gehört, dass sie ihn gefragt hatten, ob es nach Gottes Willen richtig sei, dem Kaiser Steuern zu zahlen. Leider weiß ich die Antwort nicht mehr. Da muss ich wohl noch einmal nachfragen.

Jesus hatte die ganze Zeit geschwiegen, obwohl die Pharisäer immer wieder nachbohrten und wissen wollten, ob die Frau nun gesteinigt werden durfte oder nicht. Soweit wie ich es sehen konnte, hatte sich Jesus nach vorne gebeugt und schrieb etwas mit seinem Finger auf die Erde.

Endlich richtete er sich auf, schaute die Frau an und dann die Pharisäer und Schriftgelehrten, die um sie herumstanden. Laut und deutlich sagte er schließlich: „Wer unter euch ohne Sünde ist, der werfe den ersten Stein auf sie." Anschließend neigte er sich wieder nach unten und malte weiter auf der Erde.

Es war kein einziger Laut zu vernehmen. Ich spürte förmlich, wie die Menschen über diese Worte nachdachten, um ihre Bedeutung zu erfassen und überlegten, wie sie sich nun verhalten sollten.

Dann kam Bewegung in die Menge. Soweit ich sehen konnte, traten sie den Rückzug an, wobei die älteren Männer zuerst gingen. Schließlich war keiner mehr da, nur die Frau stand noch alleine vor Jesus.

Ich bewegte mich nicht, denn ich wollte sehen und hören, wie es nun weiter ging. Es kam mir wie eine Ewigkeit vor, bis Jesus sich wieder aufrichtete. „Wo sind sie, Frau? Hat dich niemand verdammt?" fragte er, nachdem er sich umgesehen hatte.

„Niemand, Herr", antwortete die Frau. „So verdamme ich dich auch nicht." Logisch, etwas anderes konnte Jesus in diesem Moment zu der Frau auch nicht sagen. Er gab ihr allerdings noch einen Hinweis mit auf den Weg: „Geh hin und sündige hinfort nicht mehr."

Die Frau, die die ganze Zeit gebeugt und in sich zusammengesunken da gestanden hatte, richtete sich nun auf. Als ich ihr Gesicht sehen konnte, stellte ich ein ungläubiges Staunen fest. Kein Wunder, denn sie war ja als Todeskandidatin hergebracht, aber jetzt nicht bestraft worden. Im Gegenteil, sie war nun frei. Langsam verließ sie den Platz.

Ich überlegte, ob ich Jesus jetzt fragen sollte, was er auf die Frage nach den Steuern für den Kaiser geantwortet hatte. Aber ich traute mich nicht. Irgendwann würde ich es schon noch herausbekommen.

Philippus

Das hätte ich nie gedacht, dass einer von uns Jesus verraten könnte. Wir haben ihn doch in seiner liebevollen Art viele Tage erlebt.

Übrigens, mein Name ist Philippus. Jesus hatte mich aufgefordert, ihm zu folgen. Ich konnte mich dieser Bitte nicht entziehen, und ich habe es auch nicht bereut.

Wir hatten alle mit Jesus gemeinsam gegessen. Er hatte das Brot gebrochen und uns gegeben, ebenso hatte er den Kelch mit Wein herumgereicht. Die Stimmung war ganz eigenartig, denn Jesus bezog sich bei diesem Essen auf seine Worte, dass man sein Fleisch essen und sein Blut trinken müsse, weil man sonst nicht mit ihm in die Herrlichkeit kommen würde.

Dann aber sprach er von dem Verrat, den einer von uns begehen würde, damit die Soldaten ihn verhaften konnten. Judas gab sich als der Verräter zu erkennen.

Als Jesus noch davon sprach, was ihm nun bevorstand, erhob sich Petrus. Mit dem Brustton der Überzeugung sagte er, dass er immer zu ihm stehen würde. Über ihn brauche er sich auf keinen Fall zu ärgern.

Das glaubte ich Petrus ohne Wenn und Aber. Schließlich hatte er sich zu Jesus bekannt, als ganz viele ihn verließen, weil sie nicht verstanden hatten, was er damit meinte.

Um so mehr erstaunten mich die Worte Jesu. Er sagte zu Petrus, dass er ihn verleugnen würde, und zwar noch bevor der neue Tag anbrechen und der Hahn krähen würde. Petrus widersprach heftig.

Im Anschluss begleiteten wir Jesus in den Garten Gethsemane. Dort warteten wir, weil Jesus noch beten wollte.

Als er zurückkam, sahen wir Judas, wie er mit einigen Soldaten und auch Knechten der Hohepriester auf uns zukam. Er umarmte Jesus und küsste ihn. Das musste das verabredete Zeichen gewesen sein, denn die Männer ergriffen Jesus und hielten ihn fest.

Petrus hatte ein kleines Schwert bei sich, vielleicht noch aus der Zeit, als er als Fischer unterwegs war. Mit dieser Waffe hieb er einem der Knechte ein Ohr ab. Aber das hielt die anderen Männer nicht davon ab, Jesus abzuführen.

Ich habe es zwar nicht genau gesehen, aber Jesus musste diesen Mann wieder geheilt haben. Jesus sagte dann so etwas wie: Wer das Schwert benutzt, kommt auch durch das Schwert um.

Ich erinnerte mich auch an die Worte Jesu, dass er seinen Vater im Himmel um viele tausend Engel bitten könnte, die ihm jetzt helfen könnten. Aber dass würde nicht Gottes Willen entsprechen.

Die Soldaten brachten Jesus zu Kaiphas, der der Oberste der Priester war. Petrus folgte in einigem Abstand diesen Männern. Auch ich schlich hinterher. Ich wollte doch sehen, was nun mit Jesus geschehen würde.

Es muss ein richtig hartes Verhör gewesen sein, dem sich Jesus stellen musste. Ich hörte nur Wortfetzen. Es ging aber immer um die Frage, ob Jesus Gottes Sohn sei.

Dann wurde Kaiphas wütend, zerriss seinen Umhang und schrie so laut, dass ich es gut hören konnte, dass Jesus nun Gott gelästert hätte und dafür sterben müsste. Ich konnte es nicht fassen.

Mir war kalt geworden. Petrus schien auch zu frieren. Deshalb näherten wir uns vorsichtig den Knechten, die im Hof um ein Feuer herum saßen und sich wärmten.

Petrus hatte sich dicht an die Tür des Hauses gestellt, als eine Frau ihn fragte, ob er nicht zu den Jüngern des Gefangenen gehören würde. Er stritt das rundweg ab.

Als ich mich über seine Reaktion noch wunderte, kam ein Mann auf Petrus zu. Ich hörte ganz deutlich, wie er ihn beschuldigte, seinem Verwandten ein Ohr bei der Festnahme Jesu abgeschlagen zu haben. Wieder verneinte Petrus.

Ein anderer Mann sprach ihn an. Er wüsste genau, dass Petrus zum Gefolge von diesem Jesus gehörte. Mit groben Worten wies er auch diesen Mann zurück.

Petrus musste wirklich große Angst haben, dass man ihn auch verhaften könnte. Zwar hatte er zuvor behauptet, für und mit Jesus sterben zu wollen, aber jetzt, wo die Situation bedrohlich wurde, war es mit seinem Mut nicht mehr weit her.

Langsam wurde es heller. Der neue Tag begann. In diesem Augenblick krähte ein Hahn. Ich zuckte zusammen. Dann ging mein Blick zu Petrus. Ihm musste in diesem Augenblick bewusst geworden sein, dass Jesus wieder einmal recht behalten hatte.

Ich sah, wie sich Petrus abwandte. In seinen Augen schimmerten Tränen. Er schämte sich. Ich sprach ihn nicht an. Mit dieser Situation musste er alleine fertig werden.

Kleopas

Das ist eine große Enttäuschung, die wir alle erleben mussten: Jesus, der nur Gutes getan hatte, wurde gekreuzigt. Ich kann nicht begreifen, dass Gott so etwas zugelassen hat.

Mein Name ist Kleopas. Ich bin lange Zeit mit Jesus durch die Lande gewandert. Aber nun will ich weg, raus aus Jerusalem. Zusammen mit meinem Freund mache ich mich auf den Weg in Richtung Emmaus. Zwei Stunden etwa werden wir unterwegs sein, bis wir unser Ziel erreicht haben.

Natürlich unterhalten wir uns über das, was vor drei Tagen geschehen war. Man hatte Jesus zum Tode verurteilt und zusammen mit zwei Verbrechern ans Kreuz genagelt. So war er ganz elendig gestorben.

Plötzlich merken wir, dass uns ein Mann begleitet. Wir haben gar nicht so richtig mitbekommen, wie er sich zu uns gesellt hat, so sehr waren wir im Gespräch vertieft.

Wir bleiben stehen, und er fragt uns, worüber wir gesprochen haben und warum wir so traurig sind. Das erstaunt uns schon sehr. Scheinbar ist er der einzige Mensch in der Gegend, der nicht weiß, was in diesen Tagen in Jerusalem geschehen ist. Also müssen wir ihn aufklären.

„Ein großer Prophet, der viele Wunder getan und ergreifend gepredigt hat, wurde von den Hohepriestern und den anderen Oberen zum Tode verurteilt und gekreuzigt. Dabei haben wir ihn so verstanden, dass er Israel erlösen wollte."

Mein Freund ergänzt: „Erstaunt und erschrocken waren die Frauen, die zum Grab gingen, in das man Jesus gelegt hatte. Er war nicht mehr da. Und sie haben dort Engel gesehen. Die sagten, dass Jesus leben würde."

Nach einer kurzen Pause gehen wir weiter. Der Fremde beginnt zu reden: „Ihr Toren und ihr mit eurem trägen Herzen. Warum glaubt ihr nicht, was die Propheten gesagt haben und was in der Schrift steht?"

Eigentlich hätten wir sauer werden müssen, weil uns dieser fremde Mann beschimpft. Er hat das aber ganz liebevoll gesagt, sodass wir weiter zuhören, was er uns erklärt.

Er musste ein sehr gebildeter Mensch sein, denn er kannte viele Stellen aus der Schrift, die wir auch schon gehört hatten. So, wie er es sagt, wird uns klar, was damit gemeint ist. Alle weisen auf den kommenden Messias, den Erlöser hin. Langsam kehrt Ruhe in unsere Seelen ein.

Wir wollen uns für seine Ausführungen erkenntlich zeigen. Da wir gerade an einem kleinen Dorf vorbeikommen, laden wir ihn ein, mit uns zu essen. Er willigt ein, zumal wir am Sonnenstand erkennen, dass es bald dunkel werden wird.

Wir setzen uns zu Tisch. Wie üblich wird zu den Speisen Brot gereicht. Nun geschieht zum zweiten Mal etwas, worüber wir uns sehr wundern. Der Fremde nimmt das Brot, dankt dafür, bricht es und gibt uns jedem ein Stück. Da wir ihn eingeladen haben, wäre das unsere Aufgabe gewesen. Bevor wir ihm sagen können, dass sich das nicht gehört, verschwindet er vor unseren Augen. Wir schauen uns an.

Da wird uns klar, dass es Jesus selbst war, der uns begleitet, getröstet und uns die Zusammenhänge erklärt hat. Gleichzeitig sagen wir: „Brannte nicht unser Herz in uns, als er mit uns redete?"

Wir wollen sofort wieder zurückkehren nach Jerusalem. Mit eiligen Schritten gehen wir den Weg, den wir gekommen sind, zurück. Dort wollen wir den Männern, die ganz eng mit Jesus verbunden waren, und allen, die mit ihnen zusammen sind, von unserem Erlebnis erzählen.

Zwar sind wir noch ganz außer Atem, als wir das Haus erreichen, in dem sie versammelt sind. Dort herrscht eine fröhliche Stimmung. Man empfängt uns mit den Worten: „Der Herr ist wahrhaftig auferstanden, und Petrus hat ihn gesehen."

Dann erzählen wir von unserem Erleben und dass wir den Herrn erkannt haben, als er das Brot brach.

An diesem Abend sitzen wir noch lange zusammen.

Silas

Paulus wollte die Gemeinden besuchen, die er vor einiger Zeit gegründet hatte. Als Mitreisenden suchte er gerade mich aus, nachdem er zwei andere Brüder nach Zypern geschickt hatte.

Mein Name ist Silas. Ich hatte mich schon recht früh der Gemeinde der Christen in Jerusalem angeschlossen und war auch viel mit Paulus und Barnabas zusammen.

Eigentlich wollte Paulus nach Ephesus reisen, um dort weiter zu arbeiten. Aber dann hatte er in der Nacht eine Erscheinung. Er sah einen Mann, der ihn bat: „Komm herüber nach Mazedonien und hilf uns."

Zum Glück waren wir in Trojas, einer Hafenstadt. So konnten wir mit einem Schiff nach Griechenland übersetzen. Wir reisten weiter nach Philippi und blieben dort einige Tage.

Am Sabbat gingen wir zu der Stelle, an der sich die frommen Leute zum Gebet versammelten. Paulus setzte sich aber zu einigen Frauen und begann, ihnen das Evangelium zu verkünden.

Eine angesehene Frau mit Namen Lydia, erfasste sogleich die Botschaft der Erlösung und ließ sich mit allen, die in ihrem Haus wohnten, taufen. Dann bat sie uns, bei ihr noch einige Tage zu bleiben. Dieses Angebot nahmen wir gerne an.

Einige Tage später fiel uns eine andere Frau auf. Sie folgte uns überall hin und rief: „Diese Menschen sind Knechte des allerhöchsten Gottes, die euch den Weg des Heils verkündigen." In ihr wirkte ein Geist, der den Leuten sagte, was sie tun sollten und auch deren Fragen beantwortete. Wir erfuhren, dass sie eine Sklavin eines Ehepaars war, dass durch ihre Fähigkeit eine Menge Geld verdiente.

Paulus erkannte aber den Ursprung dieses Geistes, er war heidnischer Natur. Und wie Jesus auch machte er mit ihm kurzen Prozess: „Ich gebiete dir im Namen Jesu Christi, dass du von dieser Frau ausfährst!" Und der Geist gehorchte. Ab diesem Moment konnte die Sklavin nicht mehr weissagen.

Es kam, wie es kommen musste. Wir bekamen mächtigen Ärger mit den Besitzern dieser Frau. Sie beschuldigten uns, Unruhe zu stiften und jüdische Lehren zu verbreiten, die für sie als Römer nicht passten. Schließlich sorgten sie dafür, dass wir ins Gefängnis geworfen wurden, nachdem man uns auch noch geschlagen hatte.

Der Gefängnisaufseher sollte gut auf uns aufpassen, damit wir ja nicht fliehen konnten. Ich weiß nicht, was man ihm angedroht hatte, falls wir doch entkommen sollten. In der Regel war es aber so, dass die Wachen die Flucht eines Gefangenen mit ihrem Leben bezahlen mussten.

Er führte uns in ein Verlies ganz weit unten im Gefängnis. Dann mussten wir unsere Füße in einen Holzblock stellen, sodass wir sie nicht mehr bewegen konnten. Unser Oberkörper wurde an ein Gestell gebunden, wobei er in die andere Richtung wie unsere Füße gedreht wurde. An schlafen war so nicht zu denken.

Trotz dieser sehr unbequemen Körperhaltung begann Paulus den großen Gott zu loben für seine Gnade und Hilfe. Dann betete er, aber nicht darum, dass wir freikommen könnten. Er bat Gott, doch allen Menschen hier die Herzen für das Evangelium zu öffnen.

Dann passierte etwas Merkwürdiges. Es gab ein großes Erdbeben. Zunächst hatten wir Angst, dass uns die Decke auf den Kopf fallen würde und wir in diesem Kerker für immer verschüttet bleiben würden. Aber nichts dergleichen geschah. Statt dessen öffneten sich alle Zellentüren und die Fesseln der Gefangenen lösten sich. Auch wir konnten unser Gestell verlassen, an das wir angekettet waren.

Der Gefängnisaufseher erschrak, als er sah, was geschehen war. Er wurde ganz fahl im Gesicht. Er nahm wohl an, dass alle Gefangenen geflohen waren. Bevor er dann hingerichtet werden würde, wollte er sich lieber selbst das Leben nehmen. Aber Paulus hielt ihn davon ab: „Tu dir nichts an; denn wir sind alle hier!"

Da fiel dieser Mann vor uns auf die Knie. Er ging wohl davon aus, dass wir Götter sein müssten. Dann fragte er: „Was muss ich tun, dass ich gerettet werde?" Vermutlich wollte er sich durch diese Frage vor dem Zorn der Götter retten.

Paulus gab ihm eine ganz klare Antwort: „Glaube an den Herrn Jesus, so wirst du und dein Haus selig!" Dann erklärte er ihm, was auch Jesus den Menschen gesagt hatte.

Das machte einen solchen Eindruck auf den Mann, dass er uns in sein Haus führte und dafür sorgte, dass die Wunden, die wir durch die Schläge bekommen hatten, versorgt wurden. Dann ließ er sich taufen und dazu alle, die zu seinem Haus gehörten.

Am nächsten Tag kam die Botschaft vom Stadtrichter, dass man uns freilassen sollte. Vermutlich hatte er noch nichts davon gehört, was in der Nacht geschehen war. Aber nun wurde Paulus doch böse. Er verlangte, dass sich dieser Richter bei ihm, dem römischen Staatsbürger, persönlich entschuldigen sollte.

Dieser Mann schien Angst vor einem Tumult in der Stadt zu haben. Er kam, entschuldigte sich und bat uns, umgehend die

Stadt zu verlassen. Wir gingen aber zunächst noch zu Lydia, damit sie sehen konnte, dass uns nichts Schlimmes passiert war. Dann erst zogen wir weiter.

Dimitrius

Ich wohne in Troas, das ist eine recht bedeutende Hafenstadt. Dort habe ich ein Haus und eine Familie mit 4 Kindern. In einer so großen Stadt kann man leicht Arbeit finden.

Bevor ich es vergesse, ich möchte mich vorstellen. Mein Name ist Dimitrius. Meine Urgroßeltern kamen aus Griechenland, daher wohl auch mein Name.

Ein Freund hatte mich eingeladen, eine Versammlung – er nannte es Gottesdienst – zu besuchen. Dort würde ein Apostel sprechen, ein Mann namens Paulus.

Ich hatte schon von diesem Menschen gehört. Viele sprachen davon, dass er sehr gelehrt sei und interessant zu predigen verstand. Deshalb nahm ich die Einladung an. Außerdem sagte mir mein Freund, dass Paulus heute zum letzten Mal hier reden würde. Er hatte vor, am nächsten Tag Troas zu verlassen und weiter zu reisen.

So wunderte es mich nicht, dass das obere Stockwerk des Hauses, in dem er predigen wollte, recht gut gefüllt war. Mein Freund und ich bekamen gerade noch einen Platz neben der Tür.

Ich schaute mich um. Es waren viele Männer da, aber ich entdeckte auch einige Frauen. Dicht gedrängt saßen die Menschen nebeneinander. Selbst auf einem Fenstersims hatte ein junger Mann Platz gefunden.

Während ich noch darüber nachdachte, warum er gerade dort Platz genommen hatte, begann Paulus zu reden. Er sprach von Jesus Christus, der Gnade Gottes und von der Liebe, mit der man sich begegnen sollte. So richtig konnte ich das alles noch nicht begreifen, aber es war schon recht interessant.

Inzwischen war es draußen dunkel geworden. Eine ganze Anzahl von Öllampen erhellten den Raum. Paulus war immer noch dabei, von der Erlösung durch Jesus Christus und über das ewige Leben zu sprechen. Langsam fiel es mir schwer, konzentriert zuzuhören.

Als er eine kurze Pause machte, vernahm ich ein merkwürdiges Geräusch. Es hörte sich wie ein Schnarchen an. Da musste wohl jemand müde geworden und eingeschlafen sein.

Ein schabendes Geräusch ließ mich herumfahren. Ich sah noch gerade, wie der junge Mann vom Fenstersims nach außen kippte und herabstürzte. Dann hörte ich ihn draußen auf dem Boden aufschlagen. Ein Aufschrei ging durch die Menge.

Ich lief sofort hinaus. Einige Männer folgten mir. Unten lag der junge Mann mit verdrehtem Körper. Ich konnte nicht feststellen, ob er noch atmete.

Die Männer drehten den jungen Mann vorsichtig auf den Rücken. „Was ist mit Eutychos?" fragte einer der Umstehenden. Dieser junge Mann schien den anderen bekannt zu sein.

Keiner wusste eine Antwort, deshalb schüttelten wir alle unseren Kopf. Jeder von uns dachte, dass er tot sei. Das Entsetzen stand in unseren Gesichtern geschrieben. Keiner von uns sagte ein Wort.

In der Zwischenzeit war auch Paulus heruntergekommen. Er musste erst einige Menschen zur Seite schieben, bis er neben dem jungen Mann stand. Dann tat er aber etwa ganz Merkwürdiges: Er legte sich einfach auf ihn drauf und sagte mit lauter Stimme: „Macht kein Getümmel, denn es ist Leben in ihm!" Verwundert schauten wir auf den am Boden Liegenden. Es war mir, als kehrte ein wenig Farbe in das Gesicht von Eutychos zurück.

Paulus stand auf und ging wieder hinein. Ich folgte ihm. Schließlich waren genug Leute da, die sich um den jungen Mann kümmern und seine Wunden versorgen konnten.

Im Obergeschoss sprach Paulus weiter. Die Anwesenden hatten sich beruhigt, nachdem er ihnen gesagt hatte, dass der junge Mann nicht tot sei.

Soweit ich Paulus verstand, würden uns alle Sünden vergeben werden, weil Jesus ans Kreuz geschlagen worden war. Dann segnete er Brote, die die Menschen miteinander aßen.

Ich wollte gerade aufbrechen, denn es war schon sehr spät geworden. Da brachten einige Männer den jungen Mann herein, der aus dem Fenster gefallen war. Zwar musste er noch von allen Seiten gestützt werden, aber er lebte. Ein Raunen ging durch die Menge. Alle waren Zeuge eines Wunders geworden. Keiner hatte geglaubt, dass man einen Fall aus dieser Höhe überleben könnte. Und nun stand dieser junge Mann lebendig vor ihnen.

Bevor ich dann mit meinem Freund das Haus verließ, bekam ich noch einige Gesprächsfetzen mit: „In Paulus wirkt die Kraft, die auch Jesus hatte." „Das ist nicht nur Theorie, was er predigt." „Zu solchen Zusammenkünften werde ich noch öfter kommen."

Dieser letzte Satz ging mir auch gerade durch den Kopf. Außerdem wollte ich die vielen Fragen, die sich aus dem Vortrag von Paulus ergeben hatten, meinem Freund bei unserem nächsten Treffen stellen. Das wird dann sicher ein interessantes Gespräch werden.

Philippus

Es war ein Engel des Herrn, der mich beauftragte, an die Straße zu gehen, die von Jerusalem nach Gaza führt. Ich war gespannt, was mich dort erwarten würde. Aber ohne Grund würde mir Gott einen solchen Auftrag nicht erteilen.

Ich möchte mich kurz vorstellen: Mein Name ist Philippus.

Als ich dort angekommen war, schaute ich mich um. Die Gegend war öde. Nur ein Mann fuhr mit seinem Wagen die Straße entlang. Der Wagen war reich verziert. Ich hatte so ein Gefährt schon in Jerusalem gesehen. Daher wusste ich, dass es aus Äthiopien kam.

Wenn jemand mit einem solchen Wagen unterwegs war, musste es ein wichtiger Mann in diesem Land sein. Ich erkannte, dass er eine Schriftrolle in der Hand hielt, aus der er las. Wenn er sich ein solches Schriftstück leisten konnte, musste er wohlhabend sein und einen hohen Posten in seinem Land bekleiden.

Wieder erhielt ich einen göttlichen Auftrag. Ich sollte mich zu diesem Wagen halten. Alles andere würde sich dann finden.

Als ich neben dem Wagen herging, hörte ich das, was der Mann laut las. Es waren Worte des Propheten Jesaja. Als er mich wahrnahm, hielt er seinen Wagen an. An seinem Gesichtsausdruck konnte ich erkennen, dass er die Worte, die er selbst vorgelesen hatte, nicht verstand. Ich fragte ihn: „Verstehst du auch, was du liest?"

Er schaute mich an und entgegnete: „Wie kann ich, wenn mich nicht jemand anleitet." Dann bat er mich, mit auf seinen Wagen zu steigen, nachdem ich ihm signalisiert hatte, dass ich ihm gerne helfen würde.

Ich erfuhr, dass er ein Kämmerer, also der Finanzverwalter der äthiopischen Königin, ist. Dann las er noch einmal den Abschnitt aus dem Propheten Jesaja vor: „Wie ein Schaf, das zur Schlachtbank geführt wird, und wie ein Lamm, das vor seinem Scherer verstummt, so tut er seinen Mund nicht auf. In seiner Erniedrigung wurde sein Urteil aufgehoben. Wer kann seine Nachkommen aufzählen? Denn sein Leben wird von der Erde weggenommen."

Ich musste zugeben, dass dieser Text nicht leicht zu verstehen war. Das zeigte mir auch die Frage, die er mir stellte: „Von wem redet der Prophet das, von sich selbst oder einem anderen?"

Nun war es an mir zu reden. Ausgehend von diesem Wort konnte ich ihm erklären, dass von Jesus die Rede war. Beschrieben wurden seine Leidenszeit und auch seine Auferstehung. Auch seine Himmelfahrt wurde angesprochen. Außerdem erfolgte der Hinweis, dass es viele Menschen geben wird, die an ihn glauben.

Ich kann an dieser Stelle das Gespräch nur verkürzt wiedergeben. Aber die Erklärungen und Hinweise machten Eindruck auf diesen Mann. Dass er verstanden hatte, was die wesentlichen Elemente der Lehre Jesu waren, zeigte sich, als wir an einem Bach vorbeikamen: „Siehe, da ist Wasser, was hindert's, dass ich mich taufen lasse?"

Ich vergewisserte mich, dass er es ernst meinte. Er bestätigte meine Frage nach dem Glauben an Jesus Christus: „Ich glaube, dass Jesus Christus Gottes Sohn ist."

Also stiegen wir vom Wagen und gingen zum Bach hinab. Dort tauchten wir in das Wasser und ich taufte ihn auf den Namen Jesus Christus. Kaum hatten wir das Wasser verlassen,

wurde ich durch den Geist des Herrn an den Ort zurückge-
bracht, von dem ich losgegangen war.

Ich war ein wenig verwirrt und fragte mich, ob ich das alles
geträumt hatte. Aber meine feuchte Kleidung zeigte mir, dass
es Wirklichkeit war. In Gedanken war ich noch bei dem Kämmerer. Er hatte so glücklich ausgesehen, als ich ihn getauft hatte.

Hat Ihnen diese Sammlung von Geschichten aus der Bibel gefallen?

Vom gleichen Autor erschienen ist das Buch:

erhältlich im Buchhandel